智能财务的探索与实践

李金莲 著

哈尔滨出版社
HARBIN PUBLISHING HOUSE

图书在版编目（CIP）数据

智能财务的探索与实践 / 李金莲著. -- 哈尔滨：哈尔滨出版社，2023.6
 ISBN 978-7-5484-7329-9

Ⅰ. ①智… Ⅱ. ①李… Ⅲ. ①财务管理系统－研究 Ⅳ. ①F232

中国国家版本馆 CIP 数据核字（2023）第 117601 号

书　　名：智能财务的探索与实践
　　　　　ZHINENG CAIWU DE TANSUO YU SHIJIAN

作　　者：李金莲　著
责任编辑：张艳鑫
封面设计：张　华
出版发行：哈尔滨出版社（Harbin Publishing House）
社　　址：哈尔滨市香坊区泰山路 82-9 号　邮编：150090
经　　销：全国新华书店
印　　刷：廊坊市广阳区九洲印刷厂
网　　址：www.hrbcbs.com
E - mail：hrbcbs@yeah.net
编辑版权热线：（0451）87900271　87900272
开　　本：787mm×1092mm　1/16　印张：8.75　字数：200 千字
版　　次：2023 年 6 月第 1 版
印　　次：2023 年 6 月第 1 次印刷
书　　号：ISBN 978-7-5484-7329-9
定　　价：76.00 元

凡购本社图书发现印装错误，请与本社印制部联系调换。
服务热线：（0451）87900279

前　言

近年来,大数据、人工智能、云计算、移动互联网、物联网、区块链等新技术迅猛发展,给财务工作带来了巨大的影响和挑战。一方面,层出不穷的创新型商业模式给企业财务管理模式提出了新的要求;另一方面,日益提升的机器自动化、智能化,对传统的以核算为核心的财务模式形成了较大冲击。同时,基于自动化、智能化的信息系统平台的支撑,管理会计应用的深度和广度不断提升,推动企业财务模式从核算到管理不断进化。在智能财务阶段,信息系统已不仅仅可以进行数据收集、数据加工和数据展现,而且可以直接代替管理者进行智能决策。比如,当管理者需要就产品结构调整进行规划时,不再需要自己调出相关数据加以分析,系统可以快速准确地对不同产品在现有和模拟产量、销量下的利润进行计算,并基于计算结果做出判断并给出结果。

当前,一些企业对于智能财务的发展缺乏准确的认知,导致在内部改革中没有形成准确的定位,影响了智能财务建设结果。例如:一些企业在智能财务建设中制定的标准规范不够科学、统一,信息化、智能化推进成果不够显著,对于财务管理、业务提升方面的效益自然也就不够突出,导致企业决策层对于需要从资金、人才等方面推动智能财务建设这一决策认识不足或接受度不够,自然难以从企业发展的战略做出规划与指导;一些企业缺乏对自身发展的紧迫感和危机感,忽视智能财务发展的意义所在,导致创新发展难以推进;一些企业的领导者对于智能财务建设缺乏挑战和冒险精神,尤其是在一些失败的案例面前产生畏难情绪,在智能财务建设中举棋不定,无法制定系统的发展决策;还有一些企业的领导者虽然对智能财务有一定的认识,但是无法将企业作为一个整体进行智能化改革,导致智能财务的建设更多是对技术的革新,缺乏整体的推进和构建,影响了智能财务系统建设的效果,影响了各部门之间的协调配合,降低了智能财务的实际应用效果。

为了提升本书的学术性与严谨性,在撰写过程中,笔者参阅了大量的文献资料,引用了诸多专家学者的研究成果,因篇幅有限,不能一一列举,在此一并表示最诚挚的感谢。由于时间仓促,加之笔者水平有限,在撰写过程中难免出现不足的地方,希望各位读者不吝赐教,提出宝贵的意见,以便笔者在今后的学习中加以改进。

目 录

第一章 智能财务的基础理论研究 ··· 1
- 第一节 智能财务的研究背景 ··· 1
- 第二节 智能财务的内涵 ··· 5
- 第三节 智能财务的特点 ··· 7
- 第四节 智能财务的要素 ··· 8

第二章 智能财务的发展 ·· 10
- 第一节 财务智能核销系统研究 ··· 10
- 第二节 财务决策支持系统中人工智能 ·· 13
- 第三节 人工智能引导财务核算新思维 ·· 16
- 第四节 人工智能时代企业财务审计 ··· 20
- 第五节 智能时代下财务信息化概念框架 ····································· 24
- 第六节 财务人员与人工智能的协同发展 ····································· 30
- 第七节 智能化财务软件对传统会计的影响 ·································· 33

第三章 大数据背景下财务管理的变革 ·· 38
- 第一节 大数据对财务管理的挑战 ·· 38
- 第二节 大数据对财务管理决策的影响 ·· 41
- 第三节 大数据背景下企业财务信息管理 ····································· 46
- 第四节 大数据背景下企业财务精细化管理 ·································· 49
- 第五节 大数据背景下集团企业财务管理 ····································· 51
- 第六节 大数据背景下小微企业财务管理 ····································· 55

第四章 财务会计的人工智能化转型 ·· 59
- 第一节 人工智能对财务会计工作的影响 ····································· 59
- 第二节 财务会计由信息化到智能化转型发展 ······························· 63
- 第三节 人工智能视阈下的智慧财务管理 ····································· 67
- 第四节 财务智能化趋势下会计人才培养 ····································· 70

第五章 互联网、物联网、区块链技术在财务领域的运用 ················ 80
- 第一节 互联网下财务会计智能化管理 ·· 80

  第二节 物联网促进会计档案的管理提升……83
  第三节 区块链技术在财务领域的运用……87

第六章 智能财务平台的建设框架……92
  第一节 智能财务平台的建设要点……92
  第二节 智能财务会计共享平台的搭建……95
  第三节 智能管理会计共享平台的搭建……99

第七章 智能财务建设的保障措施……103
  第一节 财务制度的优化……103
  第二节 信息系统的更新……106
  第三节 风险的管理与应对……108

第八章 智能财务的实践……114
  第一节 人工智能背景下证券公司财务管理……114
  第二节 行政事业单位的财务管理智能化……118
  第三节 互联网下金融企业财务管理……122
  第四节 高校智能财务管理……126
  第五节 智能化下医院财务档案管理……129

参考文献……131

第一章 智能财务的基础理论研究

第一节 智能财务的研究背景

"大智移云"这一概念在2013年中国互联网大会上提出,即将大数据、人工智能、移动互联网与云计算四个当下热门科技理念相结合,探讨由"大智移云"所引发的产业变革以及如何影响人们的生活。然而,传统会计行业同样受到了由此带来的影响:德勤开发的"小勤人"被各大企业重金聘请,默默云开发的会计机器人可以胜任近80%的基础会计工作……如今,许多公司早已引入财务机器人,极大地节省了财务成本。

一、"大智移云"对会计行业的影响

随着企业的市场规模不断扩大以及行业不断多元化,会计人员需要处理的会计信息呈现爆炸式增长。然而,对于一些仅仅停留在低端信息化时代的企业或者手工记账的企业,是远不能胜任处理这些烦琐的会计信息工作的。而"大智移云"具有复杂性、快速性以及价值性的特点,能够高效快速且低成本地处理这些复杂的会计信息。所以,对于如今的会计人员而言,能够熟练利用"大智移云"处理会计信息可以为企业创造更大价值。

(一)会计信息化

会计信息化的定义是利用现代信息技术对传统会计信息进行新开发,达到资源有效配置的目的,同时也是财务信息共享以及财务机器人构建的前提。企业通过构建会计信息系统,将传统的会计信息进行处理,彻底将纸质的会计信息电子化。会计信息化具有安全性和发展性的特点,通过完全在计算机上录入信息,会计人员很难在财务数据上造假,极大地避免了财务舞弊现象的发生。同时,会计信息的不断处理与延伸,可以达到会计信息的决策有用性目的。会计信息化是财务智能化的前提,是会计信息安全的重要保障。

(二)财务信息共享

借助大数据处理财务信息,可以给信息使用者创造更加具有价值的信息;通过人工智能系统可以极大地减少财务人员的工作量,降低企业雇用低端会计人员的成本;借助移动互联网将处理之后的财务信息进行传播,使财务信息更加容易被获取,提高信息使用者捕捉财务信息的效率;借助云计算可以更加精简且高效地处理财务数据,使得整个会计过程变

得自动化、高效化。以制造业企业为例,产品的成本计算模式可以直接依赖会计信息系统直接设置,由公司内网进行数据传播;对于客户的管理可以借助大数据以及云计算功能实现客户信息采集与处理,从而转换为企业所需要的数据;对于应收应付款项可以借助人工智能实现分类化处理,从客户的信用层面出发,对客户进行精准分类,从信用期控制对其销售处理。"大智移云"不仅可以达到财务共享的目的,还可以解决企业办公效率低下的问题,由财务层次到企业管理层次实现质的提升。

(三)业财一体化

当企业具有财务信息共享的基础时,就可以实现业财一体化的目的。业财一体化指的是企业的业务流、资金流与信息流三流合一,实现"财管融合"的目的。业财一体化具有高度集成性以及共享性,其目的在于将企业的会计重心由财务转向业务,让会计与业务员相结合,从而实现"大会计"理念。业财一体化的推进可以避免企业由于会计核算体系不健全导致企业业务核算不完整,从而影响企业盈利。尤其对于中小型企业而言,企业业务量并不多,财务核算的工作也不烦琐,有利于推进业财一体化的实施。同样,业财一体化可以借助财务管理手段快速处理财务信息并传递至每一个信息需求部门,提高企业运作效率与管理者决策水平,使企业能够高效长期运作。

二、"大智移云"应用于企业管理的背景

传统企业的会计核算依赖手工记账,并且业务与财务二者大相径庭。为了提升企业管理效率以及经营效率,将"大智移云"应用于此是十分必要的。

以淘宝平台为例,人们在淘宝网上进行购物时,淘宝网站中并没有专门的会计人员计算每一件商品的价格以及如何确认收入。我们在点击提交订单时,所有的商品会自动计算价格,并将最后需要支付的金额列出进行支付,对于购物者而言非常便捷。那么淘宝是如何实现这样的操作呢?对于淘宝而言,他们有巨大的数据库记录我们每一笔订单。数据库在此充当的角色就相当于会计账簿,记录每一笔业务发生的金额以及流向,并且此时的记账不会发生任何的错误,误差远远小于人类手工记账。我们浏览商品时,淘宝会自动记录下我们的浏览偏好,并在下一次推送的时候加大这类商品的推送力度,增加我们购买概率。此刻我们可以将淘宝理解为:他们已经高度实现了业财一体化。我们下单时的业务与记录账簿时的财务已经高度融合,不仅几乎没有误差,而且非常高效,使得我们的购物体验大大提高。淘宝的所有资金流动,通过已设定的会计公式下沉至数据库。因此,企业的财务部可以和业务部合并成为运营管理部,对数据进行有效性处理,极大提高企业的经营效率。

那么,这些存入数据库的数据相当于什么呢?淘宝购买商品只能使用支付宝付款,因为淘宝的所有财务数据都会经过支付宝进行处理,如果使用其他支付方式如微信支付,则会被对手公司获得相应的财务数据,而用户所产生的所有数据对于企业而言就是资产,借助大数据及云计算处理可以变现为有效的信息资产。故在这个"大智移云"的环境下,信息就是决

定一个企业生存的关键。

因此，在这个高度信息化的社会下，企业若不能敏感地捕捉到所需要的信息，很难在激烈的商业竞争中存活下来。"大智移云"作为时代发展的背景，需要企业切实将其运用于企业管理层面，从而在"信息战"中战胜对手。

三、"大智移云"环境下财务会计转型

随着时代不断发展，传统会计所面临的工作必然在不断变化。若不能适应时代的发展，必然会被时代所淘汰。在"大智移云"的环境下，财务会计工作迫切需要进行改进，财管结合，使财会人员成为复合型的高级人才。

（一）企业全局视角

对于新型财务会计而言，需要具有企业全局视角。传统会计所面对的工作即不断处理财务数据，为股东及债权人提供有效的财务数据。具有企业全局视角的新型会计是从企业管理者角度出发，利用"大智移云"技术为内部管理者提供更高效的信息，使得会计信息更具有决策有用性。

（二）信息处理与收集能力

在"大智移云"背景下，信息处理与收集的能力决定了企业在行业中的发展前景；同样，财务会计的信息处理能力是企业发展的保障。企业若想真正利用好"大智移云"这一概念工具，就必须提升本企业财务人员的信息处理与收集能力。例如，员工可以利用python获取网站上有效的信息，不仅提高信息利用效率，而且可以做到几乎不遗漏任何有价值的信息，大大提高财务部门处理信息的效率。

（三）业财融合，财管合一

对于新型财务会计而言，"财管合一"这一目标是提升工作效率的方法，而"业财一体化"是达到"财管合一"这一目标的手段。企业按照现行的会计准则进行的核算，很多并不能直接反映企业客观价值信息，并且侧重点是事后核算，不利于企业预测未来经营规律。而管理会计的核算计量虽然不符合会计准则，但是却能反映企业的内在价值信息，进行事前、事中控制，直观反映企业如今的业务状况。对于产品的变动成本计量，虽然不符合会计准则，但却能给企业决策者提供有效信息。实现业财融合并最终达到财管融合的目的，正是企业会计今后的发展方向。

（四）业务、资金、信息技术融合

当今企业最大的经营问题是无法有效将各个部门有机结合，大大降低企业经营效率。若在业财一体化的基础上加上信息技术，实现业务、资金以及信息技术相融合，不仅可以使得企业结构更紧凑，还可以减少员工的工作量，由计算机代替完成烦琐的工作。业务产生的信息与财务信息相结合并直接对接资金链端口，由信息技术处理所有的信息，产生的信息直

接下沉数据库，所需要的信息实时上浮，达到管理者需要什么信息，系统就可以提供什么信息的目的。

四、企业推进智能财务的建议

在"大智移云"环境下的智能财务，让有的企业不知从何下手去改变其传统手工会计的现状。其实对于企业而言，只要具备计算机基础的财管结合复合型人才即可实现。智能财务的推进，离不开企业对于财务核算能力的重视以及对信息重要性和安全性的认识。

（一）促进业务部门与财务部门相融合，实现业财一体化的要求

企业推进智能财务步伐的第一步即是实现业财一体化，从根本上解决信息不对称的问题。业财一体化不仅仅依赖会计信息系统的搭建以及财务信息共享理念，更重要的还是企业对于业财一体化的概念理解。财务部门需要从业务部门了解企业上下游关系，建立企业价值链分析体系，从而更好地掌握企业业务财务情况，从业务的角度出发去理解财务。价值链分析包括企业的供应商、客户分析，同行业其他公司的企业内部管理分析，以及大型企业的智能财务分析。只有通过横向以及纵向分析，才能全面了解企业自身的业务状况以及对手的情况，在知己知彼的条件下提升企业自我价值。

（二）建立企业信息风险管控体系

高度信息化的企业有着巨大的信息泄露风险，一个企业的信息价值直接关乎企业的未来，所以，风险管控在智能财务中必不可少。企业应当设置专人实时监控企业潜在信息风险，利用风险防控的关键点对企业的财务数据进行监控。财务相关部门在获得相关风险信息后应当立即进行分析并提出意见，提高业务相关部门的工作效率。企业可以在风险管理的前提下建立隔离墙制度，利用专人专责的原则对风险信息进行管控，严格防止信息风险相关信息外泄，保障企业的经营安全性。对于墙外人员制定须知原则，须知人员须签订保密条约，严格管控信息风险。

（三）培养专业的智能财务团队

企业在发展过程中必然会面临技术的革新以及管理改革，此时对于企业人才而言，技能的提升必不可少，以起到支撑企业信息平台的作用。对于传统会计人员而言，必须让他们具备管理会计相关理念，从提供管理有用信息的角度出发，加深他们对于"大智移云"环境下智能财务的理解。引进外来技术人才与管理人才，通过培训的形式提升企业内在价值，丰富企业的活力，为组建专业的智能财务团队做准备。

（四）建立完善的信息共享平台

建立信息共享平台的目的是让信息使用者能更加容易地获取相关财务信息，从而让相关人员能够更加容易地使用这些信息，避免企业的信息不对称。信息管理制度对于信息共享平台的建立必不可少，企业需要从自身出发对企业的信息进行定性分析，从而设计出一套

适合企业信息管理的机制，完善地整合信息流。建立平台的机制还可以避免重要信息被无关人员知晓，与隔离墙制度相结合可以保障信息的安全性，降低信息泄露风险。同时可以借助人工智能系统自动匹配信息对应所需人员，精准将这些信息进行投放，方便信息使用者对信息进行对比分析。

第二节 智能财务的内涵

一、智能财务概述

智能财务是覆盖财务流程的智能化，它涵盖三个层面：第一，是基于业务与财务相融合的智能财务共享平台，这是智能财务的基础。第二，是基于商业智能的智能管理会计平台，这是智能财务的核心。第三，是基于人工智能的智能财务平台，这代表智能财务的发展。

人工智能技术飞速发展，智能化技术在财务领域的创新应用促进了会计学科的快速发展。但在实践中，智能技术广泛应用于报销、会计等标准化环节，在管理和决策领域也在不断探索。如何把握财会领域智能技术的发展趋势，开发更多基于智能技术的应用场景，增强智能技术时代财会应用的原动力和活力，成为一个重大的理论和实践课题。

二、智能财务发展的优势

（一）智能财务体系逐步形成

以人工智能为代表的新一代信息技术的发展，给财务管理带来了新的发展机遇，财务正由信息化向智能化转变，智能财务逐步形成完整的理论体系。一是财务信息化发展经历三个阶段。财务信息化发展经历会计电算化、会计信息化和智能财务三个阶段。二是智能财务应运而生。智能财务是以先进的财务管理理论、工具和方法为基础，由智能机器和人力专家组成的人机一体化智能系统，通过人与机的有机配合，完成企业复杂的财务管理活动，并不断扩展、延伸，逐步取代功能齐全的财务管理活动的全功能、全流程智能化的管理模式。三是智能财务具有推动财务管理重构的重要作用。随着管理和组织模式的深刻变革，传统财务逐渐演化为"人人财务"和"智能财务"，财务管理的机构、人员、流程、规则和边界将会重构。四是应采用生态化方式推动智能财务应用。智能财务从产品研发、应用实践、产业生态、人才培养、标准建设等方面生态化、一体化推进，需要企业、政府、行业协会等共同发挥作用。

（二）智能会计有助于实现三流融合

智能会计将推动物质（业务）流、价值（资金）流、信息（数据）流深度融合的发展趋势。一是传统会计无法有效反映和管控资金运动。限于技术条件和组织架构，传统会计对经济业务关系及宏观经济形势、产业政策等关注不多，无法充分揭示经济活动或经济现象背后所隐藏的以货币为表现的价值关系。二是智能会计有助于将产供销、人财物连接为一体。通过智能会计打通数据壁垒，把由若干个业务生态组成的企业生态和由更多个产业生态组成的行业生态实时地连接起来，构成企业、生态、环境"三位一体"的生命共同体，真正实现为企业管理提供场景全息信息和事项颗粒信息。

（三）智能会计促进"大会计"发展

智能会计将有助于财务会计、成本会计、管理会计、财务管理等会计类别整合为"大会计"的发展趋势。一是传统会计的专业分割是机械思维在会计人才培养上的映射。会计专门化、专业化是工业革命的产物，是大工业要求和重视社会分工投射到会计上分治、分科的具体体现，反映到教育上表现为通才少、专才多，自成一体，条块分割。二是智能会计的突出特征就是跨界、交叉和复合。智能时代过分强调"分"和"专"的管理思维方式和人才培养理念已不合时宜，边界明确、职能分明、壁垒森严的会计学科和职业门类借助新技术完全可以实现联合、整合、融合。

三、人工智能对财务管理带来巨大挑战

（一）对会计人员的职业威胁

新技术背景下自动化信息设备将大量替代流程化、标准化的基础会计工作，人工智能可以独立完成原始会计凭证录入等低端重复性会计工作，与原来从事这部分工作的会计从业人员相比，人工智能可以工作更长时间，工作更稳定，改变了传统会计工作流程，形成更高效的财务管理系统。人工机器人还能深度学习理论知识，之后参加会计职称考试，获得中级职业资格，这标志着技术的成熟。人工智能时代意味着原来靠会计人员手工完成的大量基础会计核算工作将不再需要，这使得大量会计人员面临被淘汰的风险。

（二）数据复杂性骤增

在传统财务管理模式下，财务人员通常采用人工手段对企业经营数据进行实时监控，企业单据比较单一且容易校对，查找问题也比较方便。然而，在人工智能时代，大量的财务数据与非财务数据收集一起，需要处理的经营数据更多。并且与互联网互通互连，信息的快速传播和内外部数据的快速增长，使得财务管理的程序日益复杂。如果处理不当，会给企业造成严重的经济损失。

在人工智能时代，虽然由于信息渠道的多元化，有利于财务人员收集大量的数据信息，但也因为渠道的多元化，给信息数据真实性的甄别造成了不少困惑，必将影响财务数据的真实性与准确性。如果财务数据信息源出错，将无法保证财务报表和财务报告的质量，基于财务数据为依据的企业经营战略规划科学性和合理性也将受影响，造成信息失真、决策失误等后果。

(三)财务管理观念的转变

人工智能在财务管理中的应用对企业信息化水平提出了更高的要求,但相比信息技术的要求,财务管理超前、长远的理念更重要。企业管理人员观念极易固化、跟不上信息化时代的步伐,一些领导观念相对滞后,对信息化支持力度不够,导致人工智能的优势未能在应用中得到充分展现,甚至会阻碍企业信息化的发展。不能将企业采购、生产、销售等经营活动与财务管理有效结合,不能简化工作流程,如此则会影响工作效率,不能推动传统财务管理的升级。

第三节 智能财务的特点

一、科技发展更加迅速

我国互联网从20世纪末期开始发展,随着互联网和电子计算机的普及,会计电算化应运而生,并在之后的20年发展成熟。而2010年以来人工智能飞速发展,财务机器人等相关产品逐渐进入到财务会计的应用场景中。相较过去,近年科技发展更加迅速,我国于2015年提出"互联网+",至2019年过渡为"智能+"仅仅过去四年时间。从未来趋势看,新技术的飞速发展与经济社会的深度融合将推动人类社会方方面面的变革,财务智能化变革也是历史潮流下不可避免的改变。

二、赋能传统产业转型升级

随着科技的发展,传统制造业已经逐渐拥有了ERP管理系统等科技管理手段。随着财务智能化的发展,传统产业各类应用平台信息能够得到更好的融通。数字化转型的加速将推动企业启动更加精细化的管理方式,更好地进行降本增效。人工智能时代最具有核心价值的生产力是算力,芯片技术和云计算的飞速发展,为智能化在不同场景的应用提供了强大的算力保证。信息技术的突破和企业内外部数据平台的打通,又将为算法提供更加高质量的数据。随着算法和模型的不断迭代,企业决策将不断获取更优质、更高效的信息支持。企业正确的决策也将反哺数据的获取,最终形成正向反馈循环,推进企业最终形成"一切业务数字化""一切数字业务化"的数字化转型发展。

第四节 智能财务的要素

一、从技术应用视角来看

智能化场景设计和新技术匹配运用是智能财务的本质所在。为此,从技术应用视角来看,智能财务离不开智能化场景设计和新技术匹配运用两个要素。其中,智能化场景设计起源于针对具体财务工作任务的智能财务工作目标,依赖于"大智移云物区"等新技术的精准匹配运用,重在精心构思和巧妙设计。需要说明的是,这些新技术涵盖但不限于"大智移云物区",具体可参见高德纳(Gartner)每年公布的十大战略科技以及由上海国家会计学院发起的"影响会计从业人员的十大信息技术评选"中的候选技术。

二、从智能财务建设领域来看

企业财务工作内容通常包括财务会计和管理会计两方面。其中,财务会计工作主要包括会计核算和财务会计报告两个核心内容;管理会计工作主要包括资金管理、资产管理、税务管理、预算管理、成本管理、投融资管理、绩效管理和管理会计报告等核心内容。为此,智能财务建设不仅要提升企业财务会计工作,更要将企业管理会计工作落地,实现财务职能转型,提升财务本身的价值。所以笔者认为,从智能财务建设领域来看,智能财务建设分为智能财务会计和智能管理会计两个方面。

三、从建设落脚点来看

智能财务共享平台建设和新型财务管理模式构建是企业智能财务建设中的核心内容。其中,智能财务共享平台建设重在将业务、财务、管理一体化(即业财管一体化)业务流程嵌入智能财务共享平台,功能范畴应同时覆盖实务中财务会计和管理会计两个财务工作领域。因此,将智能财务共享平台分为智能财务会计共享平台、智能管理会计共享平台和大数据分析应用平台,分别聚焦财务会计工作任务、管理会计工作中的单项管理会计工作任务,以及管理会计工作领域中的交叉性、综合性、复杂性管理会计工作任务。新型财务管理模式构建重在智能财务组织和智能财务运行规则的建立,组织范畴应同时覆盖公司各级财务组织,重点工作包括模式的选择、设计和运行等,且其构建应基于智能财务共享平台、围绕管理会计落地和财务职能转型进行,并符合本企业的经营管理实际。

四、从具体工作开展来看

企业智能财务建设过程中，需围绕以下四项工作具体展开，即智能财务组织的规划和设计，智能财务相关业务流程的规划、设计和执行，智能财务平台的规划、设计和应用，智能财务相关制度体系的规划、设计和运行。每项工作都有不同的工作阶段，它们之间既相对独立又紧密联系，彼此之间往往需要交叉进行。因此，在具体实务工作中，需要理顺这些建设工作之间的关系，以便恰当安排智能财务建设各项工作进度，合理配置智能财务建设各类资源。

第二章 智能财务的发展

第一节 财务智能核销系统研究

核销工作是财务工作中的重要环节,传统的核销方法不仅需要大量的劳动力,而且还可能出现一些错误,工作的质量和效果都不尽如人意。在信息化时代,财务智能系统的开发和应用已经成为一种必然。基于这样的现实背景,本节以"财务智能核销系统"为主要研究对象,在对其产生背景进行阐述的基础上,就其具体应用展开深入、细致的研究和分析,希望能为进一步认识财务的智能核销系统,从而充分发挥其应有的积极效用提供一定的依据和参考。

核销的概念在会计核算中有多种应用,主要有:在发票管理中,为了正确地了解开出的发票是否都已入账,要将发票存根联与在财务记账凭证中的记账联进行核对,对得上的发票为已核销了,这个过程称为发票的核销。特别是较大的企业发票在营销部开具时,财务部必须有核销的过程。另外,就是关于应收账款的核销。发生一笔应收账款后,也许要分多次收回,这样记账员必须对每一笔应收账款都要有个核算的过程,以防止呆账及坏账。还有就是关于应付账款的核销。发生应付账款后,企业也可能不是一下子就付清了,有时要多次付款,这时记账员也必须进行核销,防止多付账款。

由此可见,核销在会计中起到了内控的作用。当然还有好多的地方要用到,比如:支票管理中、有价证券管理中、账单的管理中等等,核销的作用有时很大,作为一个合格的会计必须学会怎样通过核销来做好各种内部控制。

随着计算机技术和互联网技术的快速发展,智能化的核销已经成为一种必然的趋势。目前市场上有很多财务系统,都有"核销"模块。在接下来的论述中,会首先对财务智能核销系统的产生背景进行概述,然后分别针对目前应用较为广泛的金蝶系统以及博思系统的应用进行阐述。

一、财务智能核销系统的背景分析

随着互联网技术的发展,财务智能核销系统的应用和发展迎来了前所未有的良好机遇。但是从另一个角度来看,传统财务核销也确实面临着很多难题和困境,具体来说,主要体现在以下几个方面:

（一）以假乱真现象严重

传统的账务核销工作存有较大漏洞，最为常见的就是以假乱真。我们以购物凭证为例，明明买的是生活用品，但凭证上出现的却是办公用品；如果要进行医用药品的采购，可能还搭配着家居用品；还有一些微型的建筑或者是日常的维修等，因此导致的损耗数量以及单价，更是无法进行审核，这样就为核销工作带来了极大的困难。

（二）收支的随意性严重

收支的随意性也是传统账务核算工作面临的一个显著难题。像一些招待费和业务费，有些放到了管理费用的行列，有些却又放在了专用资金的行列，而且报支的途径也不一样，有的是通过下属公司，有的则是从年底的缴款进行扣除。很多费用开支都是随意的，盲目的，缺少计划，给财务审核带来了极大的困难。

（三）会计审核流于形式

会计审核形式化严重。在传统的核销模式中，一般都是领导签字，财务才能进行相应工作，这样工作中就面临着很大的压力，也不利于执法工作的开展。

基于传统财务工作面临着的困境，加快研发财务智能核销系统，并且加以广泛应用，既是财务核销工作的需要，也是解决现实困境的有效举措。

二、财务智能核销系统应用实例分析

（一）金蝶系统的应用

随着财务工作重要性的不断彰显，在财务软件中，已经开始有了专门的核销系统。依托软件，通过核销系统，可以大大提高工作的效率和准确率。当然，需要注意的是，核销业务类型繁多，以下将主要针对应付款的核销操作进行说明。

首先就是打开财务软件，点击进入到财务软件的主界面，选择财务会计。进入到财务会计的模块之后，点击选择应付款管理，需要注意的是，这个选项是供应链模块的子项，位置是在该模块的倒数第三个选项。

之后点击应付款管理，找到"结算"的功能模块，然后进行明细功能的选择，具体来说就是06018应付款核销-付款结算。点击选择之后，会有一个名为"单据核销"的窗口弹出来，然后主要的过滤操作就是在这个窗口下完成的。具体的步骤如下：

第一步就是核销类型的选择。需要注意的是，核销类型有很多种，有的是付款结算，有的是预付款冲应付款，有的是应付款冲应收款，有的则是应付款转销等。由于我们是要对应付款进行核销，那么在这个模块下就要选择应付款的核销，然后会有"单据核销"的窗口弹出来，后续相关的过滤操作也是在这个窗口下进行的。

第二步就是要进行项目类别的核算，其中包含客户、供应商、部门以及职员等，其实这一步主要就是为了针对核算项目做好分类。

第三步就是对项目代码进行核算,具体来说就是在系统中,核算项目的代号。

第四步就是代码工作,主要包括部门代码和业务员代码两部分。

第五步就是金额,也就是这次核算所涉及的金额,就是最终想要得到的结果。

第六步就是日期,在日期区间做好选择。

第七步就是生成订单编号,以便今后在系统中可以方便查询。

第八步就是进行排序,一般来说都是按照往来单位的代码和往来单位的名称进行排序。

最后就是确认操作,点击位于"单据核销"右下方的确定按钮,然后就会有核销(应付)的界面出现,然后根据提示进行选择,包括应付单据和付款单据。然后将所需要核销的单据选中,点击√核销。这样核销工作到此就全部完成了。相对于传统的人工财务核销而言,智能核销更加方便、快捷,既节省了时间,也大大提升了财务工作的效率。

(二)博思系统的应用

目前博思系统的应用也非常广泛,其操作方便、快捷、高效。下面就该系统的核销进行论述。操作的第一步自然要将系统打开,界面上会出现初始设置、日常业务、报表管理以及系统维护等四个模块,其中"上报核销"在日常业务模块下。

点击就可以进入模块的页面,对核销的日期进行设定,然后在菜单栏中选择"核销"。之后会有一个小窗口自动弹出,该窗口在本质上可以说是一个确认和提醒的窗口,让操作者再次确认所选择和输入的内容是否准确无误,如果核对后没有问题,就可以点击"是"。之后的每一步操作都可以按照提示进行,最后会出现这样的提示,即"本次上报核销已经完成,请到上级机关接受核销",点击"是"之后,就意味着上报工作已经完成。

在菜单栏中有"打印"按钮,点击旁边的小三角符号,点击之后就会有三份报表显示出来,操作者所需要打印的是第二份,也就是"财务票据核销清单",打印两份,然后盖上公章,进行签字确认。

需要注意的是,在进行核销的时候,一定要将材料准备充分,具体来说,主要有:

从系统中打印出来的"财政票据核销清单"需要打印两份,加盖公章,相关领导进行签字;然后就是以打印出来的清单作为基础,将作废的票据和银行的回单整理好,需要注意,回单的金额必须和清单的金额对应起来;基于财务核销的作用,一定要使用电子狗进行加密。

在使用该系统的时候,有一些注意事项,主要包括以下几点:

首先就是对于是否成功上报,一定要进行复核。具体的方法,就是找到主界面右下角的"卡数"的三角符,进行双击操作,界面打开后,核对核销的日期是否准确无误。

其次就是有的时候在上报时可能会有"欠缴款金额",暂时不需要进行操作,可以直接点击"是"。

最后就是如果在上报已经提交之后,如果还是存有错误的话,就需要将这次上报取消,然后重新进行上报才可以。

传统财务会计针对应收、应付往来核算要求，公司每月手工处理成千上万条结算明细，再与发票匹配并进行核销，进而核实往来账款情况，为后续收款及向供应商付款提供依据，需要耗费数以千计的人工工时。如果使用了智能化核销系统，则完全可以取代人工操作，而且可以在非工作时间进行业务处理，工时大幅度降低，更为关键的是，差错率接近零，能极大地提升工作效率。因此，我们可以说智能化已经成为财务工作的必然趋势。

但是有一点特别需要注意的就是，智能化的核销系统相对于传统的模式虽然具有诸多的优势，但是并非完美，所实现的模块是否能够真正满足需求，是否适合企业的发展尤为关键。因此，在进行选择的时候，一定要对市场上现有的智能系统进行对比和分析，对其功能模块进行深入了解，然后选择最为适合的。还有一点就是对于财务人员的综合素养提出了更高的要求，不仅仅要有扎实的专业素养，同时也要能够了解系统的功能，熟练应用系统的各项功能。另外，就是要注重提升财务工作人员的职业道德素养，对财务工作者而言，这也是一个永恒不变的话题。作为财务工作人员不仅仅要定期参加培训，也要不断强化学习，树立终身学习的良好意识，能够以高度的责任感和使命感投入到自己所从事的财务工作中去，成为真正合格的财务工作者。

第二节 财务决策支持系统中人工智能

随着我国信息化科技的不断发展，在我国一些企业中将信息化科技运用到财务决策的过程中，由原来的传统化财务决策向智能化方向发展。利用智能系统中的数据库、数据分析技术、人工智能技术为企业的财务信息决策提供了重要的保障，也是企业体系的重要组成部分。但是，在我国中小企业财务体系中，还运用着传统的财务会计体系，还是利用传统的图表形式对会计信息进行分析，这样严重影响了企业的经济发展。因此，企业构建智能会计体系尤为重要，本节对企业智能财务决策支持系统的开发及构建进行分析和阐述，对智能财务体系的构建、处理、使用、维护等方面进行研究，以此促进我国中小企业智能财务体系的可持续发展。

时代的发展，推动了我国中小企业向智能化发展。会计是企业中重要的经济决策部门，也是财务决策时智能会计体系的重要组成部分。企业的不断发展，使会计部门对经济相关数据的统计和管理也越来越多。在这样的情况下，企业中传统的会计体系是远远不能满足这个时代发展的需求的。因此在我国中小企业发展的过程中构建智能财务决策体系是尤为重要的，也是我国中小企业极为关注的。在构建智能财务决策体系的过程中，数据库、数据挖掘技术、人工智能分析技术作为智能财务决策创新中的基础，利用现代化技术作为智能财务决策体系构建的重要工具，有利于为企业会计部门在进行经济分析和决策时提供有力的数据支持，促进我国企业的发展。

一、企业对智能财务体系的意识

现代化信息技术是企业构建智能财务决策体系的有力支撑,也是重要的体系基础。中小企业在构建财务决策体系的过程中,利用计算机、管理学等相关的科学技术知识,来构建中小企业中财务智能决策体系。在我国中小企业财务决策体系中,将有效的现代信息技术运用到企业的智能财务决策体系中,这也是时代发展的重要产物。在传统的财务决策体系中,利用财务报表对会计信息进行研究和分析,但是随着我国经济的不断发展,传统的财务决策体系已经不能满足企业在这个时代的发展要求。在智能的财务体系中,利用智能会计中数据挖掘技术、人工智能分析技术等,对会计信息进行分析和研究,以此作为构架智能财务决策重要手段,为企业决策管理部门战略和投资决策提供重要依据,也有效地促进了我国中小企业的经济发展,推动了我国社会主义市场经济的发展。

在我国中小企业构建智能财务决策的过程中,应该遵循一定的规则,合理、科学地构建企业智能财务决策体系。第一,企业智能财务会计体系具有一定的通用性,这样有利于企业在更多的领域中发展,为人们提供更多、更好的服务,也为企业提供更多的经济效益。第二,在分析和研究智能财务决策体系的过程中,可以让企业的管理决策人员参与财务决策,使企业的管理决策人员及时地了解财务在决策中的实际情况,使智能财务决策体系具有一定的透明度。同时也有利于提高相关工作人员的专业能力。第三,能够有效地将现代化信息技术运用到企业财务决策体系中,对构建智能财务体系提供了重要的技术支持。

二、企业智能财务决策的构建

(一)企业智能财务决策构建中的原则

在企业构建智能财务决策系统的过程中,应当遵循以下几个原则:

第一,应当以优化为主,要保留传统的财务决策系统,在基础的结构上进行优化,取其精华,去其糟粕。

第二,要使企业管理人员参与到财务决策中,并且要支持企业管理阶层的各项决定。例如:在企业中最高层的管理阶层,利用筹资、投资、利润等手段,进行企业管理的宏观调控。同时在中层管理阶层需要进行资金成本、生产、利润等各个方面的调控,针对中层管理中出现的问题,做出良好的财务解决方案。另外,基础生产、人员的调控,也是企业构建智能财务决策要面对的问题。

第三,在企业构建智能财务决策的过程中,应当建立企业和用户两者之间的良好沟通的平台,利用现代化信息技术,将数据上传等功能简化。

(二)企业智能财务体系构建的模式

智能财务体系是企业会计体系中一种新型的财务决策技术,利用现代化计算机技术,使传统的财务决策体系向智能化转变,这样可以给企业在进行经济投资的过程中,提供重要的会计信息依据,为企业创造重要的经济价值,推动经济的发展。下面对企业构建智能财务系统模式进行简单的分析:

第一,财务分析。在构建企业智能财务决策的过程中,要对企业财务的实际情况进行具体的分析和研究,分析财务决策在会计体系、企业管理中的功能,以此为企业提供重要的会计信息,为企业的发展创造最大的经济利益。例如:企业中资金成本控制分析、企业中流动资金的分析、企业中基本费用的分析、企业的利润分析。

第二,财务的调控。企业能够有效地利用智能财务决策对会计的信息进行准确的分析,这样可以对企业的经济利润进行一定程度上的调控。

第三,财务决策。智能财务决策对企业会计信息进行仔细的研究和分析,能够有效地帮助企业中的管理阶层进行投资、筹资、成本的控制,以此提高企业经济效益。

三、企业构建智能财务决策体系的思考路径

(一)财务决策体系的结构和处理

在企业构建智能财务决策的过程中,要从整体的角度进行考虑,一般情况下可以分为三个层次:数据获取层次、数据存储层次以及数据分析层次等,下面就对三个层次进行简单的分析:

第一,数据获取层次。企业在获取重要数据的过程中,企业的内部会计系统是财务决策体系数控来源的重要途径。在企业获取重要的数据信息之后,企业可以利用财务系统、远程外部财务系统和其他相关系统等,对企业中的数据进行分析和研究,在通过一系列的分析流程后将数据上传到数据存储层次中,例如:筛选、转换、加工等分析操作流程。

第二,数据储存层次。企业利用智能财务决策中的数据储存层将企业中重要的数据上传到会计体系的数据中,还有一部分上传到方法库、模型库、知识库中,这样可以有利于企业在构建财务决策的过程中,建立多元化的数据库。

第三,数据分析层。数据分析层是将企业重要信息进行一定的展示,并且进行具体的分析和研究,利用财务中的报表工具,对数据进行深刻的挖掘和分析,并且上传到企业的系统中,作为企业进行投资、筹资等重要的信息依据。

(二)企业构建智能财务体系的维修

企业在构建智能财务体系的过程中,有效地实现智能财务体系,并良好地实施,与工作人员的素养和专业性分不开,需要他们之间相互配合、沟通。同时在整个系统构建完成后,应该对系统在一段时间内进行维修,对系统要进行跟踪、反馈等一系列的维修。同时企业也要提高工作人员的使用技能和工作素养,要设置员工定期培训的制度。

在智能财务决策的体系内,不是单单靠一个软件就能完成的,企业工作人员的工作素养、企业本身的结构体系、企业的信息架构等,都是企业智能财务决策构建过程的重要组成

部分。这对企业工作人员的专业技能、工作素养都提出了一定的要求。因此企业在构建智能财务体系的过程中,要定期培训财务人员、会计信息分析人员的专业技能以及工作素养,同时要积极地了解和掌握客户的需求,这样可以帮助企业在构建智能财务决策的过程中,制定科学、合理的策略,有效地促进企业的发展。

另外,企业的智能财务体系中,体系的维护也是尤为重要的,企业在进行智能财务决策体系维护的过程中,一般是从两个方面进行分析:

第一,企业智能财务决策体系中日常的管理。智能财务决策体系在维修的过程中,一般含有三个方面,例如:数据获取层、数据存储层、数据分析层等。只有这样才能在最大限度上保证企业智能财务的正常运行,为企业的经济决策提供重要的信息依据,提高企业的经济效益。

第二,根据企业的实际情况构建智能财务决策体系。企业在数据上传的过程中,需要根据企业的实际情况构建智能财务决策体系,对体系构建插入、删除、更新等一系列操作,这样可以更好地完善企业智能财务决策体系。

(三)构建企业智能财务评估体系

评估体系是企业智能财务决策体系的重要组成部分,它最大限度地满足了企业在社会上发展的需求,并且有效地提高了会计信息的价值,为企业的发展提供了重要的财务依据。

企业智能财务决策评估体系,可以分为两个方面:第一,对企业中实际情况的评估,能提高智能财务体系在企业运行过程中的适用性,也使工作人员能进行一个良好的考察,使智能财务决策体系更加完善。第二,对企业经济利益的评估。企业的经济利益也就是客户对企业服务的满意程度。从整体的角度来看,也是对企业的一个评价,是促进企业不断完善和发展的一个标准,企业应当把客户的要求和想法放在第一位,也只有这样,才能为企业的发展提供高质量的财务信息,不断促进企业的发展,提高企业的经济效益。

综上所述,智能财务决策体系是企业在管理和发展中的重要组成部分,起到了至关重要的作用。以上对企业构建智能财务决策体系进行了简单的介绍,以此促进我国中小企业的经济发展,为我国的社会主义经济建设做出一份贡献。

第三节 人工智能引导财务核算新思维

本节基于会计学、财务管理等相关理论,采用案例分析法、理论联系实际的方法对人工智能引导财务核算新思维展开研究。研究表明,目前国内采用人工智能机器人进行办公的实属少数,但无法与趋势抗衡,而且,人工智能运用到会计领域对于解放会计人员大有裨益。本节从多个角度探讨人工智能应用于财务核算的现状,结合案例从正反两方面研究其影响,最后结合实际情况思考财务发展过程中的改良措施。

一、现状

（一）国外人工智能应用于会计领域的情况

近几年来，人工智能应用于会计领域的例子层出不穷。比如，荷兰 Exact 公司研发的无手会计软件，可以让电脑自动帮助会计人员处理难度小、重复性高的工作，会计人员仅仅做数据分析和预测就可以了。初创企业 AppZen 研制的智能系统可以解决企业开支报告审计的难题。AppZen 通过机器人快速扫描、审阅公司的开支报表，能够在短时间内审查企业大大小小的财务报表。比利时公司 Xpenditure 有一套人工智能系统可以快速解决开支报表的记账难问题，会计人员用他们的 App 扫描收据和账单，数据便可以自动提交到云系统。通过简单的扫描，开支报告每天都会自动更新，自然免去了每日苦苦记账、月末结账的工作内容。Smacc 技术是一个较为全面的会计核算智能系统。系统在收到会计人员上传的报表后，将其转化成计算机语言，并对其进行加密，然后分配账户。Smacc 技术可以通过 64 位数据点核查对发票进行核验、检查并将统计数据撰写成财务报告，反馈给会计人员。

（二）国内财务人员的现状

长期以来，我国企业普遍重视会计核算、轻视财务管理，导致基础会计人员数量庞大，高端管理会计人才严重缺乏。如果将会计部门的工作人员看成一个金字塔的话，底部为报销、制单、跑腿的会计工作人员，在会计电算化已经普及的今天，大多数工作可以通过软件操作完成，极少数的这类工作一般交由实习生来做；中部为会计核算、制表、数据统计、汇总的工作人员。目前，会计部门的大多数人员做此类工作，需要极其严谨认真，一个小差错就有可能导致部门集体加班查账。人工智能机器人的出现可以 7×24 小时不间断重复做这些数据处理工作，人工智能机器人主要就是代替这部分工作人员；顶部为资本运作、投融资、风险管理、业务预算、成本财务分析、考核等工作人员，除了专门的会计师事务所，普通企业从事相关工作的工作人员需要投入大量的知识、经验，其职称一般是会计主管以上。可见，人工智能机器人应用于会计部门首先对会计核算人员造成冲击。

同时，会计培训体制缺乏长效机制。主要表现在财务工作弹性较小，大多数时间每天在重复相似的事情，久而久之，会计工作人员会安于现状，会计培训机制难以督促会计人员持续学习先进的会计方法。但是，会计作为一种专业性强的工作，会计人员不能仅仅依靠考试、获取证书这一种模式转型，应该学习先进的经营管理知识，这样才能对宏观经济态势具有清晰的认识；还应该加强与其他部门的联系与合作，有利于提高预算编制、成本管理的灵活性和准确性。人工智能应用于财务核算工作，很多初级、耗时、重复的工作任务由机器完成，如果会计人员不坚持学习信息化处理数据或者忽视人机协作的重要性，很有可能会被行业淘汰。

可见，如同会计电算化一样，计算机将账房先生从算盘中解放出来，人工智能技术也会为会计行业带来新的变革，并不是说以后企业不需要会计人员了，只是会计人员的工作方式需要转变。将人工智能技术的算法分析数据、预测结果、快速学习等特点应用于工作中，会计人员转型为人机协作办公，会计人员只需要利用专业知识、市场分析能力、从业经验解读得出来的数据，为决策者提供意见建议。

二、案例分析——四大会计师事务所的转型之路

就在会计人员陷入恐慌、会计行业处于迷茫之时，2017年5月，德勤率先发布一款智能核算机器人进行不间断的工作，估计可以代替十五个会计人员。其具备明显的财务核算优势：第一，实现无手工财务流程；第二，自动管理和监控财务流程；第三，快速录入信息，合并数据，汇总统计；第四，对业务进行逻辑判断；第五，不断地对财务流程进行优化。

随后十几天，普华永道也推出智能财务机器人方案。普华永道的机器人方案使用智能软件代替那些耗时、操作规范化、重复性强的手工作业，以更低的成本和更快的速度实现自动化，其应用使银行对账、月末入款提醒、进销项差额提醒、增值税验证等业务过程的效率和准确性大大提升。

2017年6月初，安永也推出了财务机器人。安永称，"机器人流程自动化（RPA）是向业务流程捆绑和外包变革迈进的又一步。在过去的几十年中，我们已经看到各种技术进步对业务产生了巨大的影响，而业务流程自动化RPA将成为下一步，它的应用将极大地减少人为从事基于某些标准、大批量活动的需求。"RPA的实现分为流程分析及机器人匹配、供应商选择及签约、实施支持等内容。

毕马威声称，已经运用流程自动化RPA（流程自动化）/财务机器人工具协助一家国际领先的商业银行实现了贸易融资和大宗商品交易部门试点业务流程的数字化转化工作。在这以前，这些业务流程都需要大量人员的手工工作，耗费漫长的时间，但现在可以快速生成。

通过对四大会计师事务所人工智能应用的分析可以发现，人工智能在自动分类发票、整理付款发票、审计报销费用、分析计算等方面具有优势。可以代替会计师事务所中相对简单、重复率高、耗时长的工作，同时，人工智能财务机器人可以快速学习、总结规律、全面监管、针对数据做出预测，而工作人员只需要结合实际情况和市场动态对其进行分析和判断即可。

三、应对举措

（一）会计人员应认清行业趋势，积极转变思维

目前来看，人工智能应用于各行各业是大势所趋，会计也不例外。经过上文的分析发现，我国基础会计数量庞大，而人工智能财务机器人率先对这部分从业者造成冲击。首先，会计人员应认清行业趋势，理性地对待人工智能应用于财务核算这一现象，既不能全盘否定，也不能全盘肯定。人工智能财务机器人的使用，能帮助财务人员减少工作时间，增加休闲时间，有利于提高会计人员的工作效率和生活幸福指数。其次，虽然人工智能机器人的应用可以减少财务工作时间、提高效率，但是，高额的成本让不少企业望而却步，为会计人员转型赢得

时间。会计人员应主动学习信息化操作流程、重视企业财务信息大数据网络的构建，提高自己的专业化操作水平。

（二）会计人员应该加快向管理会计转型

会计人员应该加快转型，让人工智能财务机器人成为财务工作中的助理，而不是对手。会计人员应该走进业务链，加强对业务的熟悉，成为更贴合实际的、具备全面预算、内部控制、风险管理、财务报表解读、资本运作等综合能力的管理会计人才。如果会计人员面对转型束手无策、故步自封，会被拥有快速学习能力的人工智能机器人模仿，最终被淘汰。

这就要求未来的会计人员，第一，具备较全面的财务知识，能熟练地将财经理论与实务操作相结合，并不是说由人工智能来做这部分工作，会计人员就不需要学习了。从另一个角度来说，会计人员更应该拥有扎实的基础，才知道如何领导人工智能，把它从"零和博弈"转变为"完全合作"；第二，应精通税收筹划、内部控制、预测与决策等与财务会计相关的、各领域的专业知识，同时，对经济走势、金融市场有敏锐的观察力；第三，能从大局上把握整个企业的资金运行情况，重视现金流的健康、关注企业的投资回报率、重视风险控制和资金的利用效率；第四，具有强大的数据分析能力，可以通过提炼相关的财务数据，结合市场分析，对企业的下一步战略部署提出前瞻性意见；第五，优化资本运作。企业的目的是盈利，财务工作的最终目的就是辅助企业健康运营、优化资本运作。

（三）基础会计人员向高端专家顾问转变

第一，成为管理型的财务专家，会计人员的工作无论是否基础，都是企业的核心部门。但并不代表企业会保留生产效率低的工作人员。在人工智能辅助工作的基础上，会计人员要向管理型财务专家转变，从事完全依靠计算机无法实现的创造性工作。人工智能做的是前端数据的收集、清洗、初步分类，最终结果的预测和结论认定仍然需要人工决策，管理会计是财务人员的未来发展方向。第二，成为风险控制专家，风险管理和内部控制逐渐成为现代企业管理中不可或缺的部分，当企业发展到一定阶段之后，组织结构和经济活动都会非常复杂，企业整体的风险控制管理是必须做的事情。信息系统会为风险控制提供支持，但其中的人工控制和对自动化控制的监控都需要熟悉企业财务与运营状况的人员来执行。第三，成为信息系统实施顾问。人工智能的应用离不开信息系统，而信息系统的实施需要那些既懂财务又懂信息系统的人才，这也是企业未来发展的一大趋势，企业要实施信息化需要一些专业人员将他们的需求模式化，而在信息系统的实施中又需要他们进行辅助。

（四）企业应完善大数据系统，实现全面的信息化

大数据是企业会计信息化、智能化的基础，如果人工智能应用于财务领域无法立即实现，应该率先完善公司的财务大数据系统，实现全面的信息化。若财务数据缺失或者数据错误，即使人工智能时代到来，将数据扫描进系统也会一直报错。放在现在，依靠人力可能会耗费漫长的时间和精力一点点纠错，但是，人工智能财务机器人没有原始数据的录入系统，

后续可操作的步骤都无法进行。如果重视数据收集处理的准确性和完备性，不仅可以提高企业的运营效率，还为智能时代的到来做好准备。

未来人工智能与人类的关系，可能是"零和博弈"，也有可能是"完全合作博弈"，具体要看财务人员如何利用它的特长，辅助工作，缓解工作压力，而不是一味地抵制、惧怕失业。

第四节　人工智能时代企业财务审计

随着我国科学技术的发展，人工智能技术的应用也越来越广泛。对于企业财务审计来说，德勤财务机器人的出现预示着人工智能技术正式融入财务审计领域当中，这对未来企业财务审计工作带来了巨大影响。基于此，本节首先提出人工智能技术的含义与特点，分析企业财务审计发展现状，进而探究人工智能技术在财务审计中的应用。

在互联网技术不断发展背景下，大数据、物联网、云计算等技术发展，逐渐衍生出了人工智能技术，推动了社会变革进程。人工智能技术一经提出就广受社会关注。谷歌开发的"阿尔法狗"成为近些年的热门话题，在围棋"人机大战"当中，阿尔法狗战胜了国际围棋高手柯洁，由此可见人工智能技术在一定程度上超越了人脑思维。虽然当今人工智能技术还处于发展阶段，但在很多领域都已经得到了应用，其中就包括财务审计层面。在企业不断发展的背景下，企业财务审计工作变得越来越烦琐。大量烦琐的审计工作对人工智能技术的需求越来越大，因此我们必须抓住时代机遇，积极应用人工智能技术，提高财务水平、审计有效性。

人工智能技术简称为"AI"，是开发、延伸、模拟人类智慧的理念、方法、技术的一门学科。人工智能技术不断探索智能的本质，并生成与人类思维方式类似的反应机制。人工智能技术不是人的智能，但会模仿人类思维思考，理论上人工智能可以超越人的智慧。人工智能在面向复杂的问题时，会从多个角度进行分析并提出解决办法，还可以像人类一样不断总结经验、自我完善。人工智能技术在多年发展中，在语音识别、机器人、自然语言处理、图像识别、专家系统等领域得到了广泛应用。

一、人工智能技术在审计领域中的应用现状

在大数据、云计算技术不断发展的背景下，为了推动市场发展，人工智能技术已经逐渐深入到财务审计领域。近些年，德勤财务机器人的出现预示着人工智能正式进军财务审计领域，德勤财务机器人融合了模糊神经网络、专家数据库以及其他服务技术，在企业财务审计中的表现可圈可点，也成为财务审计领域中的高新技术变革，推动了"RPA"人工智能领域发展。"RPA"是指工作不间断、容错率低、不会产生重复错误的一项技术。"RPA"技术可以通过相应的规则、流程完成任务，具有非常强大的灵活性、适应性，保证了工作效率。如普华

永道事务所采用了"RPA"机器人实现了自动化作业。由此可见，应用人工智能技术可以有效解决事务所工作的重复性、工作量大、数据分析烦琐等问题。人工智能机器人可以模仿审计人员日常工作，也可以实现日常出纳、会计入账、生成报表、报税等财务工作，让审计人员将更多精力放在审计程序等复杂工作上，极大地提升了审计质量。

当今很多审计工作都融入了云计算、人工智能、云存储等技术，很多企业、事务所都在加大人工智能技术审计软件的开发，搭建"云审计"平台。2017年国际上提出了Auvenir审计平台。平台是以人工智能技术为核心服务于审计流程以及审计师和客户间的协同服务，按照规则输入会计信息、财务信息，即可得到用户想要的结果，平台获取到指令后可以快速测试，得出数据精准性、风险评价等，并自动生成单据。人工智能的出现改变了传统审计模式、方法，提升了审计效率和质量，同时人工智能技术在审计领域中的应用会更加深入、功能更加完善，将审计人员从繁杂的审计工作中解脱出来，重点放在提高服务质量、考虑人为因素等方面，推动了审计行业的发展进程。

二、人工智能时代对企业财务审计的影响

（一）提高审计效率，降低审计成本

在审计工作中应用人工智能技术，可以加强数据处理能力。在工作人员审计过程中，要阅读大量的会计数据、凭证、合同、销售单等，这些都要耗费审计人员大量时间和精力。借助人工智能技术可以精准提取数据、分析数据，最终得出相关结论，从而为审计人员节省了数据搜索、处理时间，同时人工智能技术借助专家系统可以对财务数据、记录信息进行核查和对比，确保财务信息的精准性，保证审计效率和质量，提高工作质量和效率，减少重复工作。

（二）扩大审计范围、降低审计风险

应用人工智能技术推动了审计模式变革，让抽样审计向总体审计方向转变。考虑到审计工作的局限性，在获取、分析数据时会受到环境、技术等层面影响和限制，只能通过抽样审计判定整体状况，如果抽样检测风险超出可承受水平，则需要扩大审计范围，增加审计量。而人工智能技术可以在海量数据中对所需分析的数据进行整合评估，可以发现影响审计质量的因素，确定审计整体风险。通过直接扩大审计范围可以降低抽样审计带来的风险，避免出现审计误差。

（三）简化审计程序，提供实时信息

构建人工智能的信息平台，审计工作不需要到企业部门获取资料和单据，在双方沟通之后可以在数据库当中获取审计所需数据，极大地简化了中间流程，提高了审计效率。云技术衍生出的云存储为审计工作提供了大容量存储数据库，避免现场审计数据查阅的烦琐性，帮助审计人员快速获取单据信息，保证数据的实用性、及时性，提升审计信息的完整性、精准性，全面保障审计质量。

（四）转变审计目标，转移审计风险

审计目标作为审计工作开展的风向标，也是审计中不可或缺的一部分。过去审计人员都是根据审计目标逐渐开展审计工作，此时审计目标是为了查错防弊。如今企业经营规模不断扩大，对审计工作也提出了更高要求，需要判定报表内容的真实性、合法性，审计目标出现了变化。借助人工智能技术开展审计工作，其审计目标已经不再是差错防弊，而是降低审计风险，在能够确保审计结果精度的基础上，直接或间接地为企业、审计单位提供借鉴性、前瞻性的审计经验，实现审计工作的"增值"功能。

三、人工智能技术在企业财务审计中的应用

（一）积极融入人工智能技术，提高审计效率

首先，积极利用人工智能技术展开基础信息收集、整合、分析工作，让审计人员从烦琐的审计工作中解脱出来，自动化处理耗时较长的手工作业，提升审计效率。人工智能技术开展库存清点、处理客户问题，让审计人员将更多的精力放到质量评估、人为因素分析等方面，保证审计工作质量，还可以将更多时间放在培养审计人员洞察力方面。

其次，人工智能技术由于具备自然语言处理功能，在财务信息阅读当中找出海量信息中的关键概念，在一组样本合同中对审计工作有关的关键术语进行识别和提炼。在过去，找关键性材料需要投入大量的人工劳力和时间，而人工智能技术让这项工作变得更加高效、精准。

最后，人工智能技术的应用可以让整个审计流程更加高效，缩短了人工时间，甚至是一名审计人员即可完成样品评估，将所有的审计文本中所需条款罗列出来。在此过程中，人工智能全程遴选信息，审计工作人员在平台上点击相关功能键，即可在滚动页面中获取审计相关信息数据。

（二）借助智能识别，改善工作效果

过去因为受到审计人力、时间成本的影响，所以会产生抽样审计风险问题，如忽视了业务活动、无法揭示重大舞弊现象。人工智能技术具备强大的信息处理、识别功能，可以实现全样本审计，将人工智能识别样本中的所有审计信息进行整合处理，从而掌握更加深入、更加细微的信息，多层次分析审计信息，这样即可挖掘是否存在舞弊、贪污等隐藏信息，降低审计风险，让审计风险在可控范围内。同时，全样本审计不依赖于少量数据样本，而是立足于总样本全面进行审计检测，不会因为某个数据错误而带来整体上的风险，保证数据信息的全面性，最大限度上减少错误、提高徇私舞弊识别率。

时刻掌握数据变动信息。人工智能技术作为计算机技术的衍生品，具有计算机技术的持续监控、实时识别等功能。考虑到企业非财务信息会影响财务报表数据，并且审计人员在得到这部分数据时难以做出科学判定，此时即可利用人工智能技术。如审计相关法律法规

变更,需要对从未涉及的领域展开审计工作,需要审计人员事先掌握相关的法律法规内容,时刻关注政府提出的新政策、新制度。而审计相关规则都是有章可循的,在人工智能平台上加入新的条例以及规则,智能系统就会结合新的条例展开审计工作,避免对新的法规不熟悉造成错误问题,实现动态化审计。

再者,利用人工智能技术还可以实现实时财务报告生成,过去都是在企业业务发生后才生成报告,并且需要较长的编制时间,影响会计信息的利用率、及时性,导致某个阶段审计工作过于集中。如今各大企业对实时性财务报告需求越来越高,人工智能技术可以构建企业财务信息数据库,只需要将新生成的会计信息直接录入即可更新财务报告,为财务报告使用者提供更新的信息,更有助于开展审计工作,避免出现某个阶段审计工作量过多等情况。

加强数据内在联系,做出前瞻性分析。在风险导向审计模式下,审计工作过程的结果将在审计报告中列出,但传统审计报告单一,审计报告数据信息较少。人工智能技术与大数据相结合,应用统计分析对计划和计划中的数据进行汇总和分析,找出被审计企业的普通法信息和行业的日常业务信息,为此提供决策,以供企业参考,为将来制定发展战略和投资决策提供强有力的信息支持。同时,设计人员借助云存储技术将审计信息保存到云端中,将近些年同一企业审计信息进行整合分析,即可加强不同审计时期信息的联动性,充分利用过去的审计结果信息,保证如今、未来审计工作质量。

重新调整岗位分工,创新审计模式。人工智能技术可以自动完成大部分传统人工审计的工作内容,这就要重新对审计人员进行分工调配,让审计人员更加精简,甚至某些环节可以直接用人工智能代替人工。精简财务人员可以兼任管理会计、人工智能操作岗位,让人员分工更加广泛、高效,降低人力资源浪费。再者为了适应人工智能审计模式,还需要引进、培养出精通各类软件的技术人才,考虑到人工智能审计中可能会出现新问题、新情况,如错误类型、徇私舞弊等现象,从而有针对性、第一时间开展审计工作。此外,当今人工智能技术在审计领域中还处于初期发展阶段,未来几年人工智能审计模式会进一步发展,进一步提升审计性能,这就要时刻关注审计领域人工智能发展趋势,积极研究、应用新型的人工智能审计技术,跟上时代发展潮流,这样才能够不断提升审计质量、降低审计难度。

综上所述,在科学技术不断发展的背景下,加强人工智能技术在企业财务审计中的应用,能够提高企业财务审计质量和效率,降低人为因素的干扰与影响,从而实现最终的审计目标。在未来人工智能技术会进一步发展,可以弥补财务审计工作上的漏洞,进一步节省人工劳力的投入,如可以替代人工对审计信息中徇私舞弊等因素进行分析,实现更加全面的审计功能。

第五节　智能时代下财务信息化概念框架

在智能时代来临的背景下,新信息技术的广泛应用已成必然趋势。对于企业财务工作来说,信息技术在财务领域的应用场景会被深度挖掘,技术与财务的交叉逻辑应由新的财务信息化框架来实现。在分析智能信息技术特征的基础上,提出财务信息化概念框架的构建,有利于企业财务信息化系统建设的全面规划,也有利于企业智能信息化系统的落地实施。

未来已至,智能时代正以惊人的速度进入我们所有人的视野。当大数据等新信息技术快速地改变了商业环境的时候,财务人也展开了对智能时代财务信息化建设工作的思考。我们必须意识到,新信息技术在财务领域的应用场景将被进一步挖掘,也必将改变企业财务信息化的系统框架。

一、智能时代影响财务的新信息技术

企业的财务工作历经以会计电算化为标志的第一次变革以及以建立财务共享中心为标志的第二次变革之后,现在以大数据、云计算、人工智能和区块链等新信息技术为代表的第三次财务变革已然拉开序幕。

(一)大数据技术

大数据技术应该算是智能时代的起点。维克托·迈克-舍恩伯格和肯尼思·库克耶在《大数据时代》一书上很好地诠释了大数据的全体性、混杂性和相关性的特点。IBM也提出了大数据4V特征,更详细地阐释了大数据的特点。

数量多。大数据的"大"就是突出数量大的特征,数据不是传统的随机样本,而是全体数据。当互联网不断发展,海量数据产生,如果我们能有效利用这些数据,价值不可限量。

多样性。强调大数据的混杂性。传统的数据以结构化数据为主,而大数据技术,将数据来源扩展到非结构化数据,市场的任何事件、新闻等都可能成为预算预测的基础,使得预测分析具有很高的可用性。

速度快。速度快是指数据的运算非常迅速。当数据的运算速度非常快时,算力就会变得富足和廉价,这样我们才可能将大数据以较低的成本运用到更多业务中。

真实性。真实性更强调数据的相关关系,而不是因果关系。通过降低精确性要求,使更多更真实的数据信息得以留用,提升了数据的质量。这种情况下,我们并不需要大数据告诉我们谁一定存在问题,只要能够提醒我们谁可能有影响就可以了。

(二)云计算技术

美国国家标准与技术学院对云计算的定义是:一种按使用量付费的模式,能够提供可用的、便捷的、按需的网络访问,进入包括网络、服务器、应用软件等在内的可配置的计算资

源共享池，这些资源可以被快速提供，只需投入较少的管理工作，或与服务供应商进行很少的交互。云计算包括 IaaS、PaaS 以及 SaaS 的概念构成。

IaaS。IaaS 是基础设施的服务，是云框架下技术上的硬件，包括网络、服务器等物理框架，主要起到支撑的作用。这种模式可以大大降低企业硬件成本的投入，并且由于硬件的这种集群模式，算力被均衡使用，系统性能还会进一步提升。

PaaS。PaaS 是平台服务，是云框架下的开发平台、数据库平台等。这种模式下企业使用的是付费即租即用的云端开发平台。这种模式可以节约搭建复杂开发环境的资金成本，并且能随时使用平台最新的开发技术，对于规模不大的企业比较适用。

SaaS。SaaS 是软件服务，是与财务关系最密切的模式。财务的应用系统并没有建在企业内部，而是放在互联网的云平台上。用户访问财务系统，相当于从公司内部穿透到互联网上的某一系统中，并且这个财务系统是多个企业共同使用，只是在数据和权限方面要做一定的隔离处理。

对于企业来说，云计算在财务中的应用主要是包括采用 IaaS 模式构建财务系统框架、使用基于 SaaS 模式的财务应用系统和以 SaaS 模式提供对外服务。

（三）人工智能技术

智能时代，财务管理与技术结合的最重要体现就是人工智能。目前，财务方面主要是基于机器学习来实现智能应用的。机器学习是 IBM 科学家亚瑟·塞缪尔在 1952 年提出的，定义为"可以提供计算机能力而无须显式编程的研究领域"。在计算机对输入对象进行算法处理的过程中，通过机器学习来优化改进"算法"，帮助我们得到更准确的结果。

基于机器学习的智能共享作业。目前我国已经有企业实现了基于人工经验规则的准人工智能应用，虽然还不是真正的人工智能，但如果规则丰富，则可以节省人力成本。这种模式下，机器通过任务训练，来优化现有规则，补充更多靠人难以解读的规则，同时结合大量外部数据进行辅助学习，比如学习大量假发票案例，总结出难以被人解读的假发票黑名单供应商规则。

基于机器学习的智能风险控制。通过大量训练，计算机不断优化算法，寻找出更多有利于结果的特征，从而对所有财务单据进行风险分级，并根据不同的风险级别来设置不同的业务处理流程。

（四）区块链技术

区块链是一种分布式记账机制，通过建立一组互联网上的公共账本，网络上所有用户共同在这个账本记账与核对，来保证信息的真实性和不可篡改性。通常具备以下特点：

链式结构。区块链是一种链式结构，是由网络上一个个存储区组成的链条，每个区块下都包含了一定时间内网络中全部的信息数据。

共识性。公共记账机制下，需要在最开始时就具备共识性规则，在该机制下所有的主体必须首先对相关规则达成共识，一旦有人不遵守，他的记录就默认为失效。

去中心化。这是区块链很重要的特征,强调整个记账机制下,并没有一个中心系统或机构来掌握、修改或屏蔽信息。

分布式或高冗余。区块链下,每一个用户可以清楚看到整个系统完整的记账过程,这就是分布式的特点,可以避免数据被某用户删除或篡改的问题,提高了信息的真实性,但同时,由于被反复记账,会引致数据高冗余的弊端。

二、智能时代财务信息化概念框架的构建

基于以上内容,当新技术与财务有机结合在一起时,传统的财务信息化框架就会发生一定的变化。智能时代,财务信息化应提出新的概念框架。

(一)数据层

财务信息化框架中的数据层是处于基础层,为业务应用提供需要的数据支持。与传统的数据层相比,智能化特点主要体现在数据的内涵变化上。在传统框架中,数据层主要针对结构化数据,但大数据技术之后,非结构化数据将被引入数据层,来丰富数据层的内涵。在该数据层中,系统要对结构化数据与非结构化数据同时提供采集管理、对接管理、存储管理等。

(二)引擎层

引擎层实际是一个技术共用平台,由多种技术工具组成,当企业产生不同业务需要时,引擎层可以调用不同的引擎工具来组合,从而实现与业务应用的配套,进而实现整个财务信息化框架技术工具的共享。主要的引擎包括:

图像识别引擎。图像识别引擎主要应用于图像信息的识别。既能够对结构化图像数据进行识别提取,又能对非结构化图像数据进行识别提取。并且还可以利用机器学习的功能来不断提高图像识别能力,提高其应用价值。

规则引擎。基于人工经验规则的准人工智能的应用场景,将不同的规则定义输入系统,从而引导和支持系统在财务流程中进行大量的判断、分类以及审核。规则引擎的不断完善,有利于基于人类分析之后的不断修正。同时,可以引入一个机器学习引擎作为规则引擎的后台引擎,通过机器来训练学习大量不同的业务场景数据,不断优化完善相关的规则,使规则引擎能够更好地应用在不同的业务中。

流程引擎。在规则引擎的不断驱动下,流程引擎主要完成财务流程的指导,全面提升财务信息系统的整体水平。

数据计算引擎。相对其他引擎,数据计算引擎比较独立。基于大数据技术,数据引擎应能够处理包括结构化数据和非结构化数据在内的海量数据计算问题,使得财务问题在大数据方面的应用能得到真正有力的技术支持,再不是传统模式下所谓的"大数据"。

分布式账簿引擎。如果区块链技术能够从概念化发展到一定的应用程度,可以考虑通过引擎化的方式将分布式账簿建立起来。分布式账簿的标准化,有利于区块链技术在企业中的相关应用。

（三）业务应用层

业务应用层应该是整个财务信息化系统框架中的核心层次，也是最终财务与技术相匹配的应用层次。因此我们应该从信息技术与财务业务功能结合的角度，搭建一个矩阵式的框架层次。

资金管理方面。在资金管理方面，智能技术的影响主要是交易的安全一致性、跨境交易成本的降低和交易效率的提升、资金流动性风险管理及预测等方面。

首先，基于分布式账簿的区块链技术，可以构建一个清结算平台。区块链技术可以提高资金交易的安全性和效率，并且能够解决资金清结算时的核对和一致性问题，尤其是跨境交易。跨境交易由于要通过SWIFT组织建立的中心网络来实现转账交易，高额的手续费和较长的转账周期让资金交易成本很高，交易效率较低。但区块链交易可以打破这种基于某个中心组织来清结算的制度，使得这种情况得到很大的改善。

其次，基于大数据技术的应用，企业可以通过自身历史数据的积累以及对影响资金需求相关因素追踪监控，能够对资金计划进行预测，并且实现滚动预测。同时，大数据技术可以通过对资金风险的发现与监控，在更早的时间发现资金流动性风险、安全性风险。

财务报告方面。财务报告方面其实一直是财务信息化的重点领域。智能时代新技术下，由于各类财务信息系统都会有所改变，因此也会影响财务报告领域。

首先，基于机器学习技术，智能报告可能实现。目前市场上已经出现了人工智能参与编制的市场研究报告，不久的未来，基于结构化的报告范式，人工智能基于大量市场反应的不断学习，智能报告并非不能实现。

其次，基于分布式账簿技术带来的可靠性，能够帮助企业解决业财对接时业务交易与会计记录不一致的问题，同时，基于交易各方分布式账簿，能够实现同时记录，避免数据被篡改，对于内部交易和关联方交易的核对和一致性问题帮助较大。

纳税管理方面。纳税管理在税务风险控制方面可以考虑用人工智能技术来进行辅助，在税费分析、税费预测方面通过引入大数据技术，将更多的企业外部数据纳入分析范围，对企业的税费进行分析和预测。

费用管理方面。传统管理模式下，成本费用很难实现深度的事前管理，而在智能信息技术的推动下，信息系统应该更支持与业务场景关系更密切的相关费用的前期管理。例如，以差旅费、食宿费为核心的前端服务，以车辆费用为核心的车联网系统，以采购费用为核心的电商平台等的应用。

另外，物联网技术使企业能够对相关业务事项发生的过程、成本费用的流转情况进行跟踪，这样基于物联网提供的数据，我们可以更细致地分析和管控在这一过程中的成本费用。同时，结合大数据技术，我们能够获得更多与成本费用相关而非因果关系的数据，并据此进行更细致的分析。

预算管理方面。首先，在企业经营计划以及预算编制方面，大数据技术会产生重要的影响。经营计划和预算编制对于企业是资源配置问题，尤其是资源的方向和权重的问题。而基于结构化和非结构化数据的大数据技术，可以帮助企业进行资源投向及权重和业绩达成之间的相关性分析，使企业事前有能力对预算编制的合理性进行有效的评价。其次，在预算预测的环节，企业可以通过大数据、机器学习的方法来构建更为完善的预测算法模型，能够开展更加复杂的相关性分析，这样可以使得预算预测的可靠性和预判能力得到很大的提高。

管理会计方面。在传统模式下，管理会计的数据处理主要依靠关系数据库，对于海量数据的处理，非常消耗时间，而且成本较高。当多维数据库出现之后，管理会计的性能有了很大改善，以事实表为核心，实现多个维度的数据组合，容易理解，但如果数据继续扩大还会出现瓶颈问题——数据冗余。随着大数据技术的快速发展，企业可以在物理框架、硬件方面有所突破，比如基于云计算搭建多维数据库，直接利用内存数据库来进行管理会计数据的分析等，将冗余信息重新储存，使得管理会计的多维度分析不再受到技术性能的制约，只要有利于更好地反映实际经营情况，我们不再纠结于维度的制约。

经营分析方面。智能信息技术对经营分析的影响主要体现在分析角度的扩大以及分析工具的改进方面。从经营分析的角度方面来说，传统模式下，受到结构化数据的限制，经营分析侧重因果分析，但在大数据技术的基础上，可以实现因果分析到相关分析的拓展。

从分析工具方面来讲，大数据与云计算技术的结合使得经营分析的能力得到增强，拥有了更强的数据信息采集、捕获以及处理能力，使得经营分析的外延得到扩展。大数据对非结构化数据的处理，使得企业除了自身信息之外，可以将来自社会的热点信息纳入分析的范围。

此外，人工智能技术，尤其是机器学习的技术不断发展，使得经营分析将会由现在的经验分析更多地向算法分析来转化，这也意味着更为复杂的分析在未来可以实现。

可以看出，智能时代财务信息化的框架主要是以场景为基础构建的。目前框架还处于一个概念设计阶段，未来还需要企业不断地付诸实践，来补充和优化该框架的内容。

三、智能时代财务信息化框架的协同性挑战

智能时代来临之后，财务信息化的框架将会发生很大的改变，从数据特点来看，数据从结构化数据到非结构化数据；从技术层面来看，大数据、云计算、机器学习、区块链等新技术也会嵌入财务信息化框架中。在这样的趋势下，我们应该意识到，企业不可避免地会受到来自协同性问题的挑战。主要包括来自财务部门内部以及财务部门与技术部门之间的信息协同性挑战。

（一）财务部门内部信息化协同性挑战

财务各职能部门信息化建设的协同。目前，我国大部分企业在财务信息化建设的过程中并不是集中管理的，而是由不同职能部门以自身职能需求为基础进行建设的。例如，负责预算管理的部门建设预算编制系统，负责资金管理的部门建设资金管理系统，而负责财务报

告的部门只考虑会计核算系统的建设。职能部门负责各自的信息化建设、运行以及后期的优化。一方面来讲，这样做能更好地满足需求与建设的关联程度，毕竟每个职能部门对于自己的业务场景以及信息需求是比较了解的。另一方面，当财务系统的信息需要实现集成统一或者构建共同平台时，就会出现问题。各职能部门系统管理是相互割裂的。在新信息技术快速发展的智能时代，更多的数据和流程将被要求集成，因此信息化建设在财务部门之间的分散会为信息集成化带来约束，也是企业构建智能化信息系统框架面临的一项挑战。

财务部门对智能化共识程度的协同。财务信息化系统框架建设的重要因素之一是参与建设的财务部门对智能技术应有共识，基于这种共识才能更好地推进信息系统的建设，进一步构建不同业务与新技术结合的场景。但目前来看，多数企业财务的各部门之间并没有达成对智能技术同一层次的认识，在技术路线的选择、资源的投入、技术的要求等方面存在分歧，这样必然会影响智能信息技术在财务领域的进程，甚至会出现资源的损耗和过程的反复。因此，如何协同财务智能化技术的共识度同样是企业构建信息化框架要解决的重要问题。

（二）财务部门与技术部门之间信息化、协同性挑战

财务部门与技术部门从信息化建设的方面来看，应该属于需求与实现的关系。财务部门根据自己的业务需要对信息系统提出相关需求，技术部门通过技术手段和方法来实现财务上的需求，在这个过程中，容易出现协同问题。

需求转换的协同。财务部门与技术部门协同的关键在于如何将业务场景的需求转化成信息系统的语言。但现实情况是，财务部门根本不清楚技术部门的工作模式，技术部门也很难理解财务的会计语言，导致他们之间在进行需求转换时经常出现理解的偏差，无法对接。所以有不少企业成立了专门的衔接小组，来协助两部门进行需求的转换。但是，如果智能化新技术开始应用时，这种衔接会比之前更加困难。首先，由于新技术的复杂化，很多人员对新技术做不到透彻理解，所以新技术究竟能解决哪些具体的业务场景，哪些场景需要单一的信息技术或者是多种信息技术相结合等问题的解决就会变得更加困难。其次，技术部门对新信息技术的求知欲，会让他们醉心于对技术的挖掘而忽略财务业务的实际需求，出现"为技术而技术"的情况，这样会使财务的需求与转换渐行渐远。

财务分散需求与统一技术平台对接的协同。目前很多企业的财务部门信息化建设是各自为政的分散模式，这样导致他们对信息系统的需求也是各自向技术部门提出的。而技术部门如果已经实现统一的平台化，面对各种规则不统一、时间不统一、程度不统一的要求，就会出现对接的问题。统一的平台在解决技术问题时应该要统筹考虑，对所有的需求要坚持统一的规则，而这样势必不能逐一满足财务各部门的个性需求，产生大量沟通方面的矛盾。有人也会提出，技术部门如果不平台化，而像财务部门一样根据项目的需求来配备专业团队攻克技术问题，是不是就不会出现类似个性与统筹协同的问题，但这样是违背技术共享大趋势的，只会导致更严重的技术部门内部协同问题。

不可回避的是，智能时代财务信息化框架建设过程，会面临来自企业财务内部之间、财务需求与技术之间协同方面的挑战，这也是下一步企业信息化建设重点考虑的问题。

综上所述，智能时代的大数据技术、云计算、人工智能以及区块链等新信息技术与企业财务之间将发生新的变化，搭建智能财务信息化的概念框架，并基于此实现财务工作的智能化是未来社会的发展趋势，也是我们这一代财务人不断奋斗的目标。

第六节　财务人员与人工智能的协同发展

随着科学技术手段的不断升级，人工智能技术与产品已经渗透于人们的日常生活。在企业财务工作中，人工智能技术的应用取代了部分企业财务人员的工作，也形成了一定的冲突。人工智能对财务人员的影响是企业财务人员获得新发展的机遇之一，企业财务人员需要及时适应这种发展机遇，不断优化自身综合实力，提高专业能力与应变能力，以人类智能协同人工智能进行优势发展，更好地提高企业财务人员在新时期对社会环境的适应性。

人工智能技术的发展常给人们带来人工智能将取代人的作为这种思维观念，而人工智能本身具有较多的积极意义，因此从人工智能发展的角度上来看，其存在双面性影响。但不可忽视的是，人工智能的产生是依托于人类智能而形成的，也就是说，人工智能对于人的作用应是推动，而不是限制。只有人们不断地更新与完善自身，才能够创造更加具有社会优势与时代特点的人工智能，并更好地服务于人类。因此在企业财务工作中，就财务人员与人工智能间的关系，还需要进一步地探究与探讨。

一、人工智能对企业财务人员的不利影响

人工智能技术的发展是为了更好地服务于人类，其能够帮助人们完成一些单一、低级的工作，也能够帮助人们完成需要高级运算的工作，因此在一些精度较高、劳动力需求较大、工作负荷压力强的工作中，都能够以人工智能进行相应的替代与完善。企业财务工作中便面临这样的问题，由于企业财务工作涉及内容多，因此在财务工作中引用人工智能能够解决多种问题，但这也形成了新的问题，即人工智能的存在是否影响了企业财务人员的地位。以下就人工智能对企业财务人员产生的不利影响进行具体探讨。

减少了企业财务工作岗位。人工智能技术在企业财务工作中的应用减少了企业财务工作压力，在智能化系统的处理中，许多需要大量人力劳动完成的工作得到了解决，但在这种情况下，也减少了企业财务人员的需求量，从而造成财务工作岗位的减少。这对于财务专业人员而言是不利的影响，在人工智能大力推广的当下，财务人员的岗位竞争压力加大，而岗位工作效益并没有产生多大的变化，无形中提高了企业财务人员的岗位压力。

限制了企业财务人员的专业发展。企业财务人员在财务工作岗位上的工作必然面临较

多的问题,而在不断的学习中财务人员能够获得一定的经验,而后通过提高自身的专业能力与专业素养能够较快地适应企业财务工作。但人工智能的存在可能影响了部分财务人员的工作积极性,这是因为许多财务难题的解决仅需要依靠人工智能的系统完成,财务人员不需要进行问题的思考与解决,工作积极性与岗位责任感都会受到一定的影响,这种发展模式下不利于财务人员的专业发展。

二、人工智能对企业财务人员的积极影响

人工智能在企业财务工作中的应用确实取代了部分财务人员的工作内容,但不可忽视的是,人工智能的存在源于人类智能,若是没有企业财务人员前期的工作与探究,人工智能将失去学习能力,也就没有人工智能系统的形成,因此在人工智能与企业财务人员的关系上,更应该重视人工智能对于企业财务人员的积极影响。

减轻财务人员劳动压力。由于人工智能能够解决简单的财务问题,在海量的数据分析中快速计算,得到分析结论,这大大减轻了企业财务人员的劳动压力,并且在人工智能的应用中,企业财务人员仅需要进行二次核对,便能够完成部分财务工作,很好地简化了企业财务工作流程,提高了企业财务效率。因此在人工智能环境下,企业财务人员的劳动压力有效降低,能够进一步提高自身的专业发展与专业能力,为企业财务工作做出更多贡献。

提高财务人员智能技术应用水平。传统财务工作中,财务工作人员需要通过自身专业知识与技能进行企业财务工作的分析、核算与管理等,在其他专业能力的汲取上较少。而在人工智能环境中,企业财务工作应用人工智能技术极大地推动了财务人员与人工智能的融合性,能够提高财务人员对于智能技术的应用能力。当企业财务人员能够掌握智能技术进行财务工作时,企业财务工作的效率、科学性都能够得到很大提高。因此以人工智能促进企业财务人员的发展有较好的实际效果,需要得到重视并加以应用。

促进财务人员专业能力提升。人工智能在企业财务工作中的应用不仅是代替了部分财务人员的工作,也起到推动与促进财务人员发展的作用,除了能够提高财务人员智能技术的应用能力,人工智能技术还能够促进财务人员提升自身专业能力。一方面,人工智能能够应对企业财务工作中的多项内容,财务人员需要提高自身专业能力与综合能力,才能够以人类智能应对人工智能带来的岗位压力与工作压力,这就能够很好地促使企业财务人员在自身专业能力上的提升。另一方面,人工智能技术在企业财务工作中的应用并不会涉及全部的内容,也就是说依旧存在许多工作需要财务人员完成,这就给企业财务人员提出了更高的岗位工作要求,在自身岗位工作与专业能力上不断提高,与人工智能接轨,适应社会发展趋势,从而形成对企业财务工作新模式的有效适应。总的来说,在人工智能技术的应用中,财务人员受到的积极影响还是较为广泛的,应重视人工智能对于财务人员的促进与推动发展的作用,为财务人员提供新的发展机遇。

三、财务人员与人工智能的协同发展

企业财务人员在人工智能环境下专业能力的发展较快,但同时也受到一定的影响。人工智能技术与产品的产生带动着社会发展,其不仅是科技发展的产物,也是推动技术创新、形成技术优势的重要科技手段。企业财务工作中应用人工智能有较多积极意义,因此针对人工智能对企业财务人员可能产生的影响,应做出积极的应对,而不是被这种不利影响限制。因此,在企业财务工作中,需要重视财务人员与人工智能的协同发展,提高财务人员的专业能力,并加强财务人员与人工智能的融合。

转变思维,强化自身能力。财务人员与人工智能的协调发展需要财务人员能够积极转变思维,在人工智能领域与环境下强化自身的能力。企业财务人员应积极对待人工智能环境,转变思维模式,借助财务人工智能完成基础性与重复性的工作,并将自身的工作任务与工作重心转向更具有创造性的财务工作中,例如在财务管理、战略分析、投融资管理业务中,不断强化自身的专业能力与综合素质,提高自身专业性,发展成复合型人才。只有财务人员自身做出转变,适应并利用人工智能实现自身发展,才能够较好提高财务人员与人工智能的发展优势,弥补现阶段财务人工智能还存在的不足,形成优势互补、协同发展的综合发展模式。

提高自身职业素质。人工智能在企业财务工作中不受人为情绪因素影响,因此在财务工作中更趋于流程化,这是人工智能的优势,但同时也是人工智能的劣势。在企业财务工作中,和谐的财务工作环境,较高的财务职业素养都是企业核心竞争力的体现,这需要财务人员能够积极适应人工智能环境,并不断提高自身职业素质,包括财务工作态度、沟通能力、思考能力与应变能力。这是人工智能与人类智能的根本区别。在企业财务工作中,财务人员的基本工作内容或许被人工智能代替,但这也推动了财务人员向管理型与战略型人才模式的转变,只有企业财务人员在人工智能环境下不断提高自身职业素养,形成良好的工作能力、应变能力、思考能力等,才能够不局限于现有的财务工作领域,获得更加深远的发展。

促进企业财务工作智能化。企业财务人员积极接纳人工智能,在自身专业能力发展的基础上学习智能控制技术,能够使得企业财务工作更加智能化,这是企业财务人员与人工智能协同发展的必然趋势,也是企业财务工作得到创新发展的一大优势。为了促进企业财务工作智能化,企业财务人员还需要从以下几方面入手开展工作。首先,企业财务人员需要积极适应人工智能工作环境,学习人工智能控制技术。这需要企业财务人员积极转变心态,以人工智能为学习的基础,在企业财务工作中积极应用人工智能提高自身专业能力与财务工作实际效果。其次,企业财务人员应综合掌握人工智能技术应用。在企业财务工作中,由于涉及多种工作内容,人工智能技术的应用范围也较大,因此财务人员应综合掌握人工智能技术应用,以人工智能技术开展相关的财务工作,促进企业财务工作的智能化。

营造良好的财务工作环境。人工智能在企业财务工作中的融入会影响传统的财务工作思维，也可能给财务工作人员造成一定的影响。为了实现财务人员与人工智能的协调发展，在企业财务工作中应建立良好的工作环境，例如人工智能相关设备与财务设备的有效整合，避免人工智能技术应用时的混乱与交叉管理。一方面，企业财务人员对人工智能的应用需要进行相应的约束与规范，在部分财务工作内容中，若是人工智能能够达到较好的实际效果，才能够加以应用，同时还需要对应用人工智能进行财务工作的内容进行相关制度的核定，避免人工智能技术下财务工作制度流于形式。另一方面，企业财务人员需要对人工智能的应用加以监督管理。人工智能模式能够提高财务人员工作的准确度，同时，财务人员对人工智能技术的应用也需要进行有效的监督，避免人工智能技术在错误的财务领域开展工作造成财务信息泄露等问题。总的来说，在企业财务工作中，应营造良好的财务工作环境，这样才能够更好地促进财务人员与人工智能的协同发展，实现优势互补。

随着人工智能技术的应用不断广泛，在企业财务工作中应用人工智能技术已经成为一种良好的发展趋势，其能够提高企业财务工作的科学性与准确性，但同时，也需要企业财务人员与人工智能同步发展。由于人工智能对企业财务人员存在一定不利影响，而人工智能又有其自身优势作用，因此企业财务工作中想要借助人工智能实现财务工作智能化，需要转变企业财务人员思维观念，使其能够积极适应人工智能领域与人工智能环境，在人工智能系统与模式下创新发展，不断提高自身专业能力与综合素质的同时加强对于人工智能、智能控制技术的适应性。这样才能够形成人工智能与财务人员的相互促进、协同发展。

第七节　智能化财务软件对传统会计的影响

随着社会的发展，更多的新兴化产业不断出现，由此也带来了更多的社会需求，其中智能化的发展就为社会带来了更多的可能。智能化属于一种技术的进步，也是社会发展的必然产物，在会计工作当中，借助智能化的软件应用，能够极大地提升传统会计的工作效率，并解决传统会计工作中难以解决的实际问题，但随着智能化软件的应用，在应用的整个过程当中也面临着更多的挑战，所以需要进一步优化智能化财务软件的实际应用过程，使之能够代替传统会计的计算形式和计算方法，最终带动会计行业的发展与进步。

一、智能化的财务软件出现的必然性

现代化企业的发展为智能软件的使用提供了更多的可能，尤其在现代化的企业当中会计工作的切实需求，使得智能化财务软件相继出现，以此逐渐满足了现代化企业管理结构的调整和需求扩大。

传统会计模式当中，由于职能较为单一，仅仅侧重于企业历史经济活动的核算和监督，并且更多的工作过程为手工完成，这在现代化企业的发展过程当中，极大地降低了企业的发

展效率，并且手工会计核算的效率更低的同时错误率也更高，从而更进一步推动了智能化财务软件的应用和推广。对于智能化财务软件的使用，必须涉及计算机技术、互联网技术以及大数据等的先进技术作为支持，从而帮助智能化财务软件切实发挥更好的应用效果。

伴随着我国电子商务时代的到来，相应的企业当中会计核算职能被弱化，但会计管理职能则得到地位上的提升。这种显著的变化明确了智能化财务软件的发展方向。其中一个方向是大型数据库的财务软件。相较于传统的财务软件会计核算职能来说，这类软件不需要庞大的数据库用于支撑，仅仅能提供单一的记账以及单证录入功能。但对于管理会计职能的实现来说，其需要更多的历史数据作为相应的支撑，因而使得智能化的财务软件需要庞大的数据库来支撑。另一个方向是朝着网络化的方向发展。网络化的财务软件，借助信息的实时传输与处理功能，能够将更多地区的财务信息进行远程的处理和查询。从这一发展方向来说提升了传统财务会计的基础核算效率与核算质量。并且结合深度处理信息等技术，极大地提升了财务软件在智能化方向发展的高度。所以更为灵活的智能化软件处理方式促进了会计相关工作的效率以及质量。

二、智能化财务软件对传统会计产生的影响

对于智能化财务软件的使用来说，其是基于计算机技术和相应的软件技术，因而只需要输入相应的数据信息就能够一次性生成财务报表。这样的过程极大地节省了人力、物力和财力。并使得会计工作的工作速度和准确性得以相应提升。所以从这种会计工作形式的变化来看，智能化财务软件对传统会计的影响是深远的。

（一）智能化财务软件改变了传统会计信息系统的结构

传统会计信息系统结构当中主要以纸张等作为数据信息的载体，而在智能化财务软件当中，将相应的数据信息放到软件当中，以计算机或者其他储存介质作为载体，这使传统会计信息等得到了更准确的分类以及重组，从而能够更加方便相应工作的开展，最重要的是能够加速企业内部信息的实时共享。

（二）更加全面准确地反映企业会计经营信息

对于企业的经营发展来说，会计经营信息能够准确反映一个企业的发展现状。由此针对智能化财务软件的实际使用，切实改变了传统会计的实务操作。具体指的是改变了会计成本的费用配置。在传统的会计成本计算过程当中，针对各类费用的分配，常采用不同的方法和流程。一般常见到的分配方法有顺序分配法、计划成本分配法等。这样的分配过程和分配方法导致相应的计算量很大，并且最终的分配效率也很低，准确率也不高。在使用智能化财务软件的过程当中，其能够将相应的财务数据信息进行电子化处理，从而借助于强大的数据分析功能，最终极大地提升成本费用分配的工作效率和工作准确性。再者，智能化财务软件能够极大地提升企业固定资产折旧的准确性。这当中传统会计计算企业固定资产折旧的方法是使用不同资产对应不同的折旧率，而智能化财务软件则是采用同一折旧率计算并

计提各类固定资产折旧,这极大地提高了固定资产折旧计算的准确性。所以无论从各方面来讲,智能化财务软件的使用切实改变了传统会计的实务操作过程,最终能够更加全面准确地反映企业的会计经营信息和企业的发展现状。

(三)智能化财务软件改变了传统企业会计的职能

智能化财务软件使得传统企业会计的职能由财务会计向管理会计进行转变。具体指的是传统的财务会计工作在企业发展当中,以实际记录企业经营活动和最终反映企业经营结果为主。这样的工作涉及的工作量极其繁重,并且复杂。但随着社会的发展,我国现代化企业的经营规模以及经营范围等在不断地扩大。由此使得企业经营管理层需要针对企业的发展现状和发展需求做出更加准确的决策。而更加准确的决策,就需要来自会计相关工作的支持,以从企业的发展信息当中得出决策。因此智能化财务软件能够将大量繁重的反映企业经营活动的工作变得软件化、智能化。以此节省大量的劳动成本,并且使得传统财务人员从繁重重复的基础会计工作当中解脱,进而从事附加值更高的财务管理活动。这样的过程既使得财务人员有事可做,也可以使得基本财务管理活动能够借助智能化的软件得出更好的分析成果,从而帮助企业管理层进行更好的决策。

(四)智能化财务软件的负面影响

智能化财务软件的实际使用,在改变传统会计工作效率和工作质量的同时,也带来了一定的负面影响。具体指的是在智能化财务软件使用的过程当中,过于统一的财务软件使用标准,限制了各个企业的发展。例如不同企业当中,会计从业人员的资历、专业能力也不同,从而对于智能化财务软件的使用来说,也会产生不同的效果,在一般智能化财务软件使用的过程当中,部分工作也需要人脑进行识别操作,因而这部分工作也涉及更高的专业能力以及专业技术,而对于没有完全掌握智能化财务软件如何使用和操作的员工来说,就会极大地限制智能化财务软件发挥作用,并且影响到企业的正常发展。此外,各个企业的发展情况不一,千篇一律的智能化财务软件难免会出现纰漏,而若是针对单个公司或者企业设计不同的智能化财务软件相关程序,则设计与开发的成本又大大提升,因而不利于企业的经济效益提升。

三、智能化财务软件与传统会计相结合的建议与措施

(一)完善相应的智能化财务软件应用的法律法规

对于智能化财务软件的应用来说,一般属于电子交易过程,电子交易过程当中对于合同以及支付等方面的确认,都需要进行电子化的处理。而传统的会计交易过程则是在纸质载体当中进行的,因此智能化软件营造了无纸化、电子化的经济交易环境,这也就需要相应的法律法规等进行支持,建议从以下几个方面进行相应法律法规的完善:其一,建立电子交易过程中各个参与方的身份确认和认证办法,以此为电子交易过程当中的身份确认提供法律

保障；其二，对电子交易过程当中的基本程序和内容进行确定，具体包括电子合同的一般格式和模式要求，以及电子交易过程当中的合同管理和数字签字等。

（二）统一各类智能化财务软件的数据接口标准

统一各类智能化财务软件的数据接口标准，能够起到以下作用，一是使各个企业的财务信息数据等得以共享和交流。二是使企业的信息电算化、电子商务的发展需求得到更好的满足，最终能够确保企业的稳定发展，并且统一之后的各类智能化财务软件的数据接口标准，还会使得电子银行的支付结算、网上报税以及网上销售等具体电子商务操作更加便利。

（三）成立专业化的管理会计财务团队

成立分工明确以及更加专业化的管理会计财务团队，并不断强化对企业财务人员的培训以及教育，一方面基于管理会计的重要内涵，将传统财务人员进行细化分工，也将主要的工作分为更加详细的模块。具体来说，管理会计属于一门综合性较强的工作，基本融合了金融学、法学以及管理学等多方面的专业知识，因此需要更加专业的人才负责相应的工作。所以应该根据实际要求，对现有的财务管理人员进行相应的专业技术培训，使其能够胜任具体工作。

另一方面，要定期开展对智能化财务软件应用的技能与知识培训，智能化财务软件的具体使用，能够对原始的数据进行更加深入的分析，以此从数据当中挖掘更有效的信息，但现阶段更多的智能化财务软件分析与操作需要更加专业的人士进行操作，以此才能够借助智能化财务软件，为企业提供有效的决策信息。所以相对企业的发展需求和人才培养需要来说，应该有计划有目的地培养相应的智能化财务软件使用和操作人员，以此为企业的发展和进步提供更加准确的决策信息。

（四）做好对人才的培养

对于现阶段企业的发展来说，智能化财务软件的应用切实帮助到了企业，而更为重要的智能化财务软件的应用，需要更加专业的人才，而人才的输出则受到相应高校的培养质量和培养效果影响。在高校当中对于专业会计人员的培养，一是应该秉承社会发展的实际趋势做好对全能型会计人才的培养和教育。二是要结合企业的实际需求进行相应人才的培养，具体的可以借助与企业合作的方式，提倡实践教育，从而使得相应人才能够更加明确会计专业的从业形势与基本工作过程，最终能够促进智能化财务软件的有效运用。

（五）发挥智能化财务软件的优势、规避其负面影响

对于智能化财务软件对传统会计的影响来说，其不仅有积极的一面，也有消极的一面。具体指的是智能化财务软件在应用的过程当中，其作为一种软件或者技术，从根本上无法代替专业会计人员的职业判断能力，从而在实务操作的过程当中，智能化财务软件本身存在的缺陷就会影响到企业的正常发展。所以要制定有针对性的发展策略，以此充分发挥智能化财务软件的优势，规避其负面影响，或者将其产生的负面影响降到最低。一方面在编制智能

化财务相关软件系统时，应该预先设置好程序，在经过一段时间的调试和优化之后再投入使用，并且使用之前也要对其进行试用，试用完成合格之后才能大规模投入使用；另一方面，若是企业在经济条件允许的情况下，应当积极培养更多的专业化人才、复合型人才等辅助智能化财务软件的应用。

（六）提高财会人员的专业素养和专业能力

由于智能化财务软件的推广和使用，更多会计的基础性工作被智能化软件所代替，因而在这种发展趋势和发展背景下，相应的会计人员应该提升自身的专业素养和专业能力，以此契合智能化财务软件应用发展的基本方向，使得企业在借助智能化财务软件应用的过程当中，提高经济效益。具体的，相应的智能化财务软件使用人员和操作人员应该在基础工作方面做好对职业方向的调整和职业能力的提升。分析现阶段的智能化财务软件在企业当中的应用，除了为公司管理层提供相应的数据信息之外，智能化财务软件的具体操作过程也能够被应用到公司的决策管理当中，以此为公司未来发展提供相应的预测和分析，现有的财务会计就需要提高对智能化财务软件的使用效率，通过自身专业素养和专业能力的提升，切实改变传统会计从业方式，最终使企业的财务决策和公司发展能够得益于高效的智能化财务软件应用。

现阶段企业的发展更注重效率以及质量，企业针对传统的会计工作方式和工作流程，借助于智能化财务软件的应用，能够极大地颠覆传统会计工作方式和工作模式，并对于实际的会计从业人员来说，也是一种工作形式上的极大改变，所以要求相应的会计从业人员应该熟悉智能化财务软件的使用和操作，并结合智能化财务软件的数据分析技术，为企业的发展助力。

第三章　大数据背景下财务管理的变革

第一节　大数据对财务管理的挑战

本节首先分析了大数据对企业财务管理的影响,而后讨论了大数据给企业财务管理带来的机遇和挑战,最后提出了企业应用大数据进行财务管理创新的思路。

作为具有革命意义的最新科学技术,大数据正在从各个角度影响着我们的生活,也包括企业财务领域。财务管理是企业管理的核心内容,对企业经营规划有着深刻的影响,能否执行完善的财务管理关乎企业生存发展。如何积极应对大数据背景下企业财务管理的环境变化和发展趋势,以敢于创新的姿态占领时代的先机,是当前我国企业必须认真对待的问题。

一、大数据对企业财务管理的影响

传统的企业财务管理所依据的数据是非常有限的,这使得财务数据分析也具有明显的局限性,导致财务管理缺乏全面的、精确的数据基础。建立在数据不完全可靠基础上的企业财务管理如同管中窥豹,很容易以偏概全,与市场的客观性存在较大差距,极易发生判断失误,最终导致企业利益的损失。而大数据技术能够为企业呈上全面的、实时的、精确的市场数据和系统的、多层次的、个性化的数据分析,使企业拥有更可靠的财务分析工具、更先进的财务管理和更有效的财务决策依据。具体而言,大数据对企业财务管理的影响主要包括以下四个方面:

(一)企业财务处理方式的变化

首先,大数据改变了财务处理的范围。传统财务管理概念中,企业仅处理与本企业直接相关的财务数据。但是在大数据背景下,凡是与本企业相关的数据都在收集和处理范围之内,如行业信息、金融市场波动、上下游企业财务状况变化等信息都逃不过大数据的关注和数据挖掘。其次,与传统财务管理方式相比,大数据更注重非财务信息的价值。大数据技术能够通过分析那些从表面上与财务完全无关的数据并对其进行提取、统计、归纳,从中找出与财务管理相关的经济规律、企业特征、潜在问题,为企业进行财务管理提供扎实的数字依据,更重要的是为企业指明提高财务管理水平的方向,使企业可以将有限的资源放在最关键的财务管理节点上,实现财务管理资源的最大化利用。

（二）企业会计核算方式的变化

传统财务管理大多采用"人-机"结合的半手工方式，而大数据背景下财务管理则向全自动化方向发展。在大数据平台的处理中，企业财务与外部相融合进行统一核算。基础核算工作越来越少，核算过程越来越智能化、去人工化、高速化和标准化。以华为公司为例，任正非为改变华为粗放式财务管理带来的风险，专门请来IBM的财务团队为华为量身定做了以大数据为支撑的集成财务体系（IFS），用大数据的会计核算理念重新梳理会计核算流程。该体系甚至成为影响华为现今组织架构结构的重要因素，正如华为一位财务顾问所说的："没有配套的IFS，华为是不可能下决心将权力下放的。"

（三）对企业财务管理人员知识结构要求的变化

目前我国很多企业已经意识到大数据对财务管理变革的意义，但是由于传统财会人员在运用大数据技术方面能力不足、观念更新速度慢等原因，在具体运用大数据和进行大数据分析方面存在一定难度。在大数据背景下，企业财务人员不仅要具备财务方面的相关知识技能，还要掌握计算机、统计学等方面的知识，使大数据能够真正服务于企业。

（四）企业财务管理环境发生变化

大数据的出现改变了人们的生活、工作方式，同时也改变了人们的思想观念，在经济领域同样深刻影响着人们。普通消费者、企业、经济团体的众多金融行为都成为大数据收集的内容，众多企业应用大数据判断业务影响，加深对服务的理解，加快企业利润的增长。在这样的环境变化下，企业想要实现高水平的财务管理就不可能离开大数据的支持。

二、大数据给企业财务管理带来的机遇和挑战

（一）大数据给企业财务管理带来的机遇

首先，大数据采用巨量数据集合技术采集海量数据并进行分析，使企业财务人员从浩如烟海的数据中得到潜在的、具有关键财务价值的信息，为企业制定发展战略和重要决策提供有力的数据支持。

其次，通过对企业内外部庞杂信息的筛选和梳理，帮助企业找到影响自身发展和健康运行的负面因素。如大数据对企业投资、利益分配、运营管理等与财务相关的活动分析，不但为企业指出可能存在的风险因素，也为企业风险管理指明方向。有助于企业清醒地认识存在问题和潜在风险，提前做好规避财务风险的准备，制订具有针对性的事前、事中和事后控制方案，有效降低风险发生概率，使财务管理更加稳定可靠地为企业服务。

再次，大数据可以为不同企业提供智能化的、形式统一的、内外融合的财务分析工具。一方面，大数据分析能够有效提高企业财务管理水平，减少财务管理工作量；另一方面，大数据通过综合分析结果，提供以往财务部门和其他部门都无法提供的企业战略依据，使财务部门在企业中的地位得到了大幅度提升。

最后，大数据将促进企业内部人员架构向更科学的方向发展。企业应用大数据处理财务管理问题时，不仅仅要收集财务数据，也要收集表面上看起来与财务"完全不相关"的数据。财务部门与其他部门共同调取、选择和分析数据，这就要求财务部门与其他部门建立更直接和更协调的关系，财务部门关注企业运行的范围更广，工作内容更全面。这些改变要么促使财务部门获得更高的管理职权，如长虹的"财务共享系统"使企业财务部门向高端化转型，成为企业运营的中心枢纽部门；要么促使企业重新规划财务框架，例如海尔集团为了创新"人单合一的预算管理模式"，提高了一线员工对预案财务化的责权利，彻底改变了企业领导与普通员工之间的管理关系。无论哪一种，都带动企业人员架构向更合理的方向发展，为企业带来更高的利润。

（二）大数据给企业财务管理带来的挑战

首先是如何科学有效应用大数据的挑战。大数据浩如烟海、种类庞杂，如何快速提取、挖掘和分析数据对于企业财务部门来说是一项全新的挑战。从硬件角度来看，多数企业带宽不足，也不具备大数据所需的数据储存和处理条件。从软件角度来看，多数企业也不具备自行开发海量数据处理、建立超大型数据仓库和进行深度数据挖掘的能力。从财务人员角度来看，很多企业的财务管理人员并不具备应用大数据技术的技能。

其次，企业将面对财务管理模式转型的挑战。大数据背景下，企业财务管理将向信息化、智能化方向转变，变事后处理为事中处理。最重要的变化是传统的管理型财务方式向现代的价值型财务管理体系的转型，即将普通的记账管理工作模式转变为管理价值和创造价值的工作体系。如何实现这种改变并真正发挥新模式的作用，对企业来说是新的挑战。

最后，企业将面临寻找和培养新型财务管理人才的挑战。大数据的应用对企业财务管理人员提出了新的要求，包括如何保护企业商业机密、如何提取具有价值的数据、如何结合企业所处行业特点和发展战略进行个性化数据分析等等，都需要同时具有财务管理知识、统计知识、计算机知识和大数据应用技能的高水平人才。当前我国多数企业都缺乏相应的人才储备，因此如何寻找和培养新型财务管理人才是对我国企业的重要挑战。

三、大数据下企业财务管理的创新思维

（一）创新企业财务管理组织结构

企业通常根据职能进行财务管理，最常见的是将财务部门细分为会计部、财务部、资金部等。迎接大数据对财务管理的改变，企业应主动创新财务部门的组织结构。

首先，企业应该在财务管理组织中设置独立的部门或人员来专项管理财务数据及与财务相关的非财务数据，进行数据获取、数据挖掘和分析。对于暂时不具备创建大数据财务管理体系的，可以购买第三方的大数据平台使用权，但仍需专人管理和分析数据。

其次，大数据的产生使财务管理与企业其他部门的联系更加紧密，企业管理者应从新的高度来看待财务管理在整个企业中的作用，根据企业自身的特点进行合理的重组。或学习

长虹，提升财务管理部门在企业中的沟通能力；或学习海尔，通过制度和新的财务体系将财务管理渗透到企业运行的每一个环节中，形成扁平化的财务管理流程。无论哪种，其最终目的都在于调动企业全员参与到财务管理中去。

（二）构建大数据财务管理系统

大数据的有效信息密度较低，想要从巨量数据中提取有效信息就必须依靠大数据财务管理系统。该系统通过数据预测和数据挖掘分类等技术对所有与企业财务相关的大数据进行采集、分析、梳理和评价，不但能够为企业提供全方位的财务数据、存在问题、潜在危险，还能评价上下游企业的财务及经营状况，预测企业乃至所在行业的未来发展趋势，为企业财务及发展战略的制定提供最可靠的数据。在条件允许的情况下，企业可独立建设大数据财务管理系统，还可以购买第三方大数据平台的使用权，只需下载客户端就可以构建本企业的大数据库。对于大多数企业来说，这种方式更为快捷，成本也更低。

（三）建设大数据财务人才队伍

无论是依靠企业自身能力建设大数据财务分析体系，还是购买第三方大数据平台的使用权，财务管理部门都离不开能够应用大数据软件和对大数据进行分析的财务人才。这些人才不但要精通传统的会计学和财务管理知识，还要能够应用统计学、大数据技术，熟悉企业运营规律和所在行业的发展状态。只有这样的人才，才能真正发挥大数据在财务管理上的宏观优势，为企业提供具有较高价值的财务决策依据。为了得到这样的财务管理人才，企业一方面应强化原有财务管理人员的培训，全面提高财务人员的综合能力；另一方面应积极引进大数据人才，组建起具有现代化大数据综合处理和应用能力的财务管理团队。无论哪种方式，最终的目的都在于充分利用大数据的优势，使其真正体现在企业财务管理中的价值。

大数据从根本上改变了企业财务管理的实效。顺应潮流、完成自身变革，是时代对企业财务管理提出的必然要求，也是大势所趋。以积极主动的姿态迎接这一变革，会为企业财务管理带来质的改变，也会为我国企业的整体发展带来深刻的影响。

第二节　大数据对财务管理决策的影响

今天我们生活在一个信息爆炸的时代，大数据技术能够以更低的成本、更高的效率来应对和处理海量的信息，因而在各个学科和生产制造领域都得到了快速的推广和应用。企业财务决策的效率和质量在很大程度上取决于对数据的取得、加工、分析和反馈能力，能否利用大数据和云计算技术提高企业的财务管理水平将成为企业未来发展的方向和关键。因此，研究大数据对企业财务管理工作的影响已成为当今社会普遍关注的热点问题，具有重要的理论意义和现实价值。

一、大数据对财务管理决策的影响

大数据是数据分析方向的前沿技术,社会的信息化发展产生了纷繁复杂的海量数据,通过大数据技术,人们能够以更低的成本、更加快捷的方式从不同类型和结构的巨量数据中提取有价值的信息。

大数据通常有以下几个特点:第一,数据量巨大,处理的数据量从 TB 级向 PB 级提升;第二,数据类型多样化,从传统的结构化数据延伸到诸如图片、报表、音频和视频等多种形式的半结构化和非结构化数据;第三,快速响应,随着算法的优化和数据建模领域的技术突破,能够做到海量数据的实时处理;第四,高价值性,通过降维、数据挖掘等技术,大数据能够探寻并揭示数据背后的关联性,因而具有较高的商业价值。

大数据的研究已经推广到了医疗、金融、交通等各个领域。政府部门也在重视大数据技术的应用和发展,深化了大数据在各行业的创新应用,探索了大数据与传统产业协同发展的新业态和新模式,加快了海量数据采集、存储、清洗、分析发掘、可视化、安全与隐私保护等领域关键技术的发展。

互联网数据显示,全世界的数据量正在大规模增长,到 2020 年,世界对于数据的使用量达到 35.2ZB。面对如此庞大的数据洪流,传统的企业财务管理越来越无法满足现代企业管理需求。

随着政府、企业、公众间数据的不断开放,利用大数据技术财务工作者可以从多种渠道获取更为可靠的数据信息。如何将财务管理与大数据技术进行融合,跨越单纯的财务数据,挖掘财务和非财务数据背后的关联关系,以科学的方法进行分析预测,让数字开口说话,降低对主观判断的依赖,进行精准的财务分析与决策,成为企业在激烈的市场竞争中获取竞争优势的关键。

二、大数据对环境分析的影响

分析企业所处的内外部环境是财务决策的起点,在经济呈现全球化、多元化发展的今天,企业进行财务决策所需要的支撑数据已经不能仅着眼于单纯的内部财会数据,更需要将系统中所有利益相关者的全部信息都纳入考虑。传统的统计数据主要来源于国家统计部门和企业内部经营记录,数据源较为单一,对社会、文化、生活消费习惯等数据无法实现精准搜集,且更新速度较慢。借助大数据和云计算技术,一方面,企业可以统揽总公司和各子公司的结构化数据、半结构化数据和非结构化数据信息;另一方面,企业可以从外部诸如新闻媒体、工商管理部门、税务部门、律师事务所、会计师事务所、银行、咨询机构和证券交易所等机构获取各种与财务决策相关的数据。

在数据广泛收集的基础上,财务工作者可以利用大数据技术通过对海量的内外部数据进行筛选、清洗、转换和整合,从纵向的时间序列和横向的面板序列进行分析,充分了解企业当前的生存环境；也可以利用云计算数据实时更新、储存、传递的功能,应用事物间的相关性分析,捕捉现在和预测未来的趋势变化。例如,财务工作者可以通过对企业的客户和供应商的接口数据,来分析预测企业未来的销售额和库存,通过消费者在网站的点击量、检索字段,了解产品需求的变化。传统的财务决策系统,excel、wps等办公软件对于收集和处理如此庞大的数据十分乏力,大数据为企业制定战略规划和制定财务决策提供更加准确和完整的基础支撑,从而可以实现战略目标在不同地域分布的总公司、各子公司之间的一体化设计,促进公司内部的联动和配合,提升企业整体的运营效率。

三、大数据对指标核算的影响

正确、高效的财务决策很大程度上取决于所依据指标的核算是否准确、公允,大数据对企业的日常经营管理中指标核算的影响主要体现在以下几个方面：

（一）全面性

过去数据的记录、储存、分析和处理手段较为落后,难以对总体数据进行检验分析,因此传统的财务决策做法是以抽样取得的数据特征来推断总体的特征。进入大数据背景下,随着互联网和云计算等数据技术手段得到更加广泛的应用,可记录、储存的数据越来越多、越来越便捷,人们处理数据的能力也随着算法的升级得到显著提高,掌握总体的性质和特征将不再依赖于抽取样本数据的质量,通过大数据技术在搜集几乎全部的数据基础上进行的总体性分析,可以回避抽样误差,帮助财务工作者更加全面准确地判断和决策。

（二）中立性

在企业全面预算管理、投资融资决策、成本费用控制等财务管理工作中,经营管理者往往难以准确确定公允价值、折现率等指标。例如在金融资产估值、投资项目比较时,需要广泛搜集公开市场的报价,尽可能详细地预测未来现金流量和最终处置费用；在确定折现率时需要估计风险调整,这些数据的确定很大程度上依靠财务人员的主观判断,而折现率出现在分母上,细小的变动也会很大程度地影响最终的决策。大数据为会计估计、职业判断等内容的确定带来了新的思路和方法,可以帮助财务工作者更加方便快捷地获取整体市场信息、了解市场最新动态,排除主观判断部分的干扰,更加准确地确定公允价值、折现率等指标,从而保证决策更为科学和合理。

（三）可靠性

通过大数据技术里的人工智能和深度学习,企业可以建立数学模型来探寻数据之间的关联关系。

在成本管理中,大数据技术可以辅助财务工作者更加精准地控制库存数量,按照业务实质客观地分配生产成本和费用,从传统财务会计核算转变为资源驱动作业、作业驱动价值的管理会计核算,根据更加可靠精准的数据基础来识别判断企业价值创造的动因和增长过程,引导企业管理者从规模管理转向价值管理,以提升企业价值为目标进行财务决策。

在销售管理中，大数据技术可以帮助企业识别高价值客户，分析客户违约概率，降低贸易中的信用风险。

（四）时效性

企业传统的财务管理方式较为依赖顶层设计，靠自上而下的方式在企业内部层层传播。例如预算计划的编制和风险管理工作的布置，当企业层级较多、规模较大时，大大降低了信息传递的时效和准确性，进而降低了财务决策的应用价值。通过大数据技术，企业对财务管理流程中的每个节点可以实现实时的观测和反馈，使预算管理和风险控制贯穿于企业经营活动的始终，通过这种动态调整企业可以提高事前防范、事中化解风险的能力，降低事后承担的压力，防止预算管理失效、流于形式。

四、大数据对决策思维的影响

随着人们对算法的优化和对数据挖掘技术的开发，数据利用的方式和方法也将发生根本性的改变，财务工作者需要转换思维来进行正确的财务决策。

（一）从总体出发

传统决策方法更多的是依赖于企业管理者多年积累的经验及丰富的管理理念，企业管理者在面临着海量、烦琐的财务数据资源时，一旦外界环境发生变化，管理者没有充足的时间应对，可能会以偏概全，导致其无法准确挖掘数据背后蕴藏的价值，无法探究问题的真正本质，对财务数据的判断有失精准，进而影响了决策的真实准确性，导致企业无法按既定策略实现价值。在大数据背景下，获取几乎全部的数据成为可能，财务工作者在制定财务决策时，可以使用总体分析来替代抽样分析，企业可以从来源于工商管理部门的数据中分析政府监管信息，从来源于税务部门的数据中分析纳税信息，从来源于企业内部的经营数据中分析财务信息，从来源于会计师事务所的数据中分析审计信息等，在全面数据分析的基础上，根据企业预算管理、筹资决策、投资决策、收入决策、定价决策、生产决策、成本费用决策等不同的决策需要，形成多层次的决策方案。

（二）从时效出发

传统的财务决策中，财务工作者追求数据的精确性，因为可获取的样本数量有限，如果根据不精确的样本去推断总体的性质特征，就会偏离真相，做出错误的决策。但是一味地苛求样本储存记录的准确，会给会计人员带来繁重的数据筛选复核工作量，不能保证财务决策的及时性，滞后的财务信息虽然准确却可能带来没有价值的分析决策结果。大数据的普及应用与云计算功能的结合，可以在相当程度上排除错误数据的噪声干扰，这对财务工作者依赖结构化数据精确性的传统思维带来了变革。面对需要快速反应的事件，例如股票、汇率价格的波动预测时，财务工作者需要采用容错率思维，追求模糊的正确而非精确的错误。大数据的实时分析功能可以快速得出结论并预测趋势，为企业财务决策及时提供参考依据，大幅度提升财务决策的效率和质量。

（三）从关联关系出发

企业的财务决策离不开各种财务数据和非财务数据之间的相关性分析，传统的财务决策方式不可避免地在一定程度上依赖职业经验判断，由于信息不对称及代理成本的存在，给决策者谋取私利制造了空间。利用大数据技术和分析手段，人们能够获取、转换、加工处理与企业财务决策相关的各种结构化、半结构化以及非结构化的企业财务数据和非财务业务数据，并且寻找出数据之间的关联关系，为企业科学合理的财务决策提供支撑。因此，在大数据背景下，财务工作者需要应用相关性分析深入了解和认识社会经济现象，归纳、分析数据之间的联动特征，挖掘隐含在数据关联关系背后的巨大商业价值。同时，通过将各种类型的数据有机融合起来，剖析其中蕴含的财务与业务关系，让数字开口说话，可以降低人为调控、盈余操纵等舞弊行为，从而保证企业财务决策的科学性和严谨性。

五、大数据对评价反馈的影响

企业的业绩考核和信息披露是评价企业财务决策成功与否的重要途径，传统的财务管理模式中，人们主要是通过"四表一注"来评价和反馈企业经营状况，对非财务信息的反映不够充分，面对不同监管部门，不同报送主体的数据提供口径可能出现不一致，削弱企业的公信力。如今在云计算的帮助下，利用大数据技术可以打通企业内部财务部门与非财务部门、企业与上下游企业等组织边界，将海量的零散信息联结成信息网络，实现总公司和各级子公司、企业内部与外部的数据口径一致性，解决"信息孤岛"问题。在大数据背景下，财务工作者一方面需要提高信息披露质量，从而提升公众对企业的信心，获得更多的投资者支持，另一方面需要将非财务信息，诸如消费者忠诚度、重复购买率等指标纳入考核范围，更加公正地识别财务决策的效果，据此完善奖惩制度和激励措施，推动企业的良性发展。

六、建议

大数据技术给企业的数据搜集和分析决策工作带来了新的变化，传统财务分析模式存在数据采集单一、提供的财务分析结果单一且存在滞后性的缺陷。大数据信息云处理平台的构建使得企业对数据的处理水平上了一个新的台阶，具有实时处理、数据发掘建立关联模型准确预测、响应速度快等特点，这同时也对财务工作者的基础素质、财务管理水平提出了更高的要求。财务工作者需要从企业自身情况出发，借助大数据技术构建完善的财务管理体系，来更好地面对激烈的市场竞争，抓住大数据背景下的发展机遇，在越发严峻的国际形势下走得更好更远。笔者针对大数据背景下财务管理工作提出以下建议，希望能够为企业的财务管理决策工作提供借鉴和指导。

（一）转变思维方式

大数据背景下，采用会计电算化数据信息处理方法，将重心放在"核算、记录、存储"等方面已无法应对信息化发展的需要。财务工作者不仅需要关注企业内部，也要与企业外部利益相关者进行良好的沟通，关注企业所处的市场经济大环境。基于这种变革，财务人员更需要放眼全局，在企业财务决策过程中，不再关注问题之间的逻辑因果关系，注重探寻各数据与各财务指标之间存在的各种相关联系；无须深究每一个数据的精确性，注重把握住总体特征和基本趋势，追求数据的及时性和利用率。通过全面考虑企业整体运营相关的财务数据与非财务数据，分析各个孤立的数据之间存在的关联联系，达到对企业的绩效考核、成本费用控制、风险管理、资源整合配置等各个流程全盘把控的目的，保证企业的高效运行。

（二）加强信息化建设

有效的分析决策往往需要建立在大量的数据挖掘、分析和处理的基础上，大数据对企业财务管理软件的标准提出了更高的要求。对于大部分企业来说，企业电算化只是从手工做账转变为电脑做账，真正基于财务数据及非财务数据进行分析应用的电算化平台却很少实际落地到企业日常生产经营活动中。不少企业的财务管理信息系统落后，甚至都没有配备基本的财务管理软件，或者配备的软件不能及时更新升级，影响到企业的信息共享，导致企业的财务信息处理效率很低，影响到企业的整体经营水平。因此，面对数据类型日益增多、数据结构方式日趋复杂的企业数据，在资金实力允许的情况下，建议企业研究开发适合自身的财会系统软件，建立大数据共享处理平台，以更低的成本和更有效率的方式搜集、存储、分析和处理不同结构和类型的数据并获取具有决策价值的相关信息，同时不断完善信息化决策机制，提升企业财务决策的准确性及运营效率。

（三）培养人才队伍

大数据技术需要具有专业数据处理能力的技术人才，目前，我国企业大部分数据分析处理技术水平较低，而计算机数据算法领域的专业人才往往不了解财务基础知识，财务管理中高水平的专业技术人才匮乏限制了企业数据技术的应用，使得财务管理的大数据分析应用技术无法充分发挥和顺利应用。因此，建议企业加大资金投入，聘请对大数据和财务领域了解透彻、运用能力强的专业人员加入本单位工作，同时指导并定期组织有这方面诉求的财务工作者学习相关大数据知识，让财务工作职能从过去的财务会计报表分析转变为高层次的预算管理、风险预测和数据分析，使财务工作人员具备一定的数理应用常识，能够从海量信息中提取高价值的内容并进行分析和预测，促进财务人员和企业在业务能力上的共赢发展。

第三节 大数据背景下企业财务信息管理

现代移动互联网及科学技术的进步，促进了大数据信息技术的发展，在信息时代背景下，企业之间的竞争体现为核心技术及人力资本的竞争。财务信息管理是企业优化财务管理的过程。现代企业必须结合大数据的要求，不断地优化信息技术手段，建设完善的财务信息管理体系，优化并创新内部财务信息管理方法及模式，全面提高内部财务数据的客观性与真实性。企业内部财务人员要树立科学的管理理念,加强自身信息素养建设,采用现代化的技术手段,提高内部财务信息管理的科学性。

在新的时代背景下,传统的财务电算化管理信息系统已经无法满足现代企业的发展需求。"大数据"自被提出至今,逐步在人们的日常生活中扮演着重要的角色,大数据分析工具,为企业提供了准确的数据信息,为企业管理层进行科学决策奠定了基础,优化了企业内部管理模式。现代企业管理追求企业内部控制机制的建设与完善,现代企业注重财务信息的整合,以实现其追求经济利益的发展目标。现代企业管理信息化平台建设在提高财务管理整体水平等方面具有重要的意义,可以实现企业内部资金的优化配置。大数据背景下的企业财务管理与传统的管理模式存在显著的差异,先进的信息技术手段及管理工具应用促进了企业财务信息化管理体系的建设,为企业的可持续发展提供了保障。企业财务信息是企业经营发展的主要依据,需要企业财务管理部门加强重视。在现代化管理模式下,企业财务信息管理急需创新管理模式,适应大数据背景下的发展需求,推进企业财务信息管理现代化建设,为企业的可持续发展奠定基础。

一、企业财务信息管理概述

(一)企业财务信息管理的内涵

企业的财务管理部门收集、加工、报告信息的各种活动称为财务信息管理,在经济全球化及信息化的时代背景下,企业借助现代化的信息管理技术及手段,将现代科学技术应用于财务管理的各个环节。简单而言,企业借助现代计算机网络系统及技术,提供财务管理的效率与质量,提高财务信息收集、加工处理的过程便是财务信息管理。

完善的制度体系是管理实践得以顺利实施的前提与基础,企业财务信息管理首先要建设完善的制度保证体系,建设完善的财务报送体系,对企业运营中的各项财务指标、信息报送期限及指标统计时间等进行详细的说明。财务信息管理要设计完善的财务信息指标汇总表,实现传统财务会计向现代化管理会计的转变。大数据背景下的财务信息管理要注重信息环境的建设,加强企业内部局域网建设,采用现代化的办公软件。企业要加强内部制度体系建设及人力资源管理体系建设,提高内部管理控制的能力及水平。

(二)企业财务信息管理的功能

首先,其具有价值管理的功能,财务信息化管理明确了内部管理对企业价值的驱动作用,明确了实施管理的最终目标,通过标准化的管理理念及管理模式为企业发展创造各种价值。同时,企业财务信息化管理具有实现内部治理的功能,企业借助不完全契约管理的实践及代理问题管理实践活动,可以帮助企业优化内外部管理,在提高现代企业财务管理的整体水平等方面具有重要的意义,可以实现企业内部资金的优化配置。

二、大数据背景下企业财务信息管理的措施

（一）管理层要树立科学的认识

企业要借助一定的信息技术手段及工具，实现企业内部财务数据的整合、企业内部业务的优化及内部员工管理的有机结合，提高内部决策的科学性，促进企业的科学化发展。企业要加强高层管理者对信息化建设的认识及学习，帮助管理层树立科学的认识，引导其逐步了解信息化建设的重要意义及主要方法。新的财务管理模式及理念要求内部管理人员及基层员工具有较强的工作能力，因此，财务信息化建设可以有效地促使高层管理者及基层员工提高自身综合素质，提高业务能力及水平，为企业未来的可持续发展奠定基础。

（二）注重财务信息管理人才的培养

在新的时代背景下，大数据技术将企业的研发、生产、销售、财务等板块有效结合起来，对于企业而言，财务信息管理人才是其生产与发展的第一要素。大数据背景下的企业财务信息管理要注重财务信息管理技术人才的培养，企业要促进内部各部门之间的均衡发展，采用内部提拔及外部招聘的方式，优化财务管理人才结构，重点培养具有较高信息素养的财务信息管理人才。公司要加强内部财务信息管理人才的培训与管理工作，强化相关人才信息化管理知识的学习，增强财务信息管理人才的技术能力及知识储备。公司内部要建设完善的交流沟通机制，通过内部财务人员的交流，实现内部经验的共享，促进工作人员整体素质的提升，同时为财务信息管理人员工作的开展营造良好的氛围。

企业要提高内部财务信息管理人员的综合业务能力及水平，内部财务管理工作人员要积极向同行学习，在交流与借鉴的过程中提高自身的综合素质及业务能力，企业要建设完善的财务部门员工培训机制，定期组织员工进行学习，将员工考核与绩效挂钩。企业内部新老员工之间要积极合作。在大数据背景下，数据信息的量化要求相关工作人员的综合素质相应提高，这就要求各部门之间要相互合作，提高工作质量及效率。

（三）建设完善的财务信息管理体系

企业要建设完善的财务信息管理系统，高效地整合、分析并输出企业内部信息，同时，企业要制定财务信息管理监督机制，企业要集中采用行业统一的财务信息处理软件，提高财务信息管理人员的信息处理及整合能力。大数据背景下，企业财务信息管理要借助现代化的信息技术手段，充分挖掘并利用财务信息，为企业的科学决策提供基础。

随着时代的进步，现代企业财务管理要改变传统的管理模式及思维，企业要通过建设财务信息网络化管理平台，利用先进的技术软件及硬件设备，为企业内部财务管理工作的科学化开展奠定基础，提高财务数据的真实性，提高企业内部控制的总体水平。企业要利用现代网络防护技术、电子加密技术及信息隔离技术，提高财务信息管理的安全性，为管理层科学决策提供数据及信息依据，提高企业战略目标的实效性，为实现可持续发展战略目标奠定基

础。企业财务信息管理同时要注重成本管理,通过节约人力资源成本及管理费用,通过内外部信息的共享,降低信息收集的人工成本,提高内部财务信息管理的科学性。

(四)注重财务信息管理模式的创新

财务信息是企业决策的重要依据,具有一定的反馈机制及预测价值,传统的企业财务信息管理主要是在企业具体业务活动发生以后,经过相关人员会计成本核算及财务管理加工而得到相关的信息。大数据背景下,现代企业的财务信息化管理主要实施统一化的管理,企业信息获取的渠道逐步拓展,在现代化的企业管理运行模式下,企业的财务信息生成效率更高,财务信息在企业财务预警及预算控制等方面的作用显著,实现了企业内部财务控制及防范。在知识经济背景下,人力资本及科学技术是企业发展的主要动力,财务信息在预测行业发展及企业未来发展趋势等方面具有显著的作用。大数据背景下的企业财务信息化管理要摆脱传统的成本管理理念限制,采取多样化的管理模式及手段,以图表、文字,定性与定量相结合等方式,优化企业的财务报告信息。企业财务信息管理创新还要注重信息表达方式的创新,采取人性化的表达方式,为企业发展提供简便的财务信息数据。

第四节 大数据背景下企业财务精细化管理

随着现代信息技术的快速发展,人们已经进入到大数据背景下。大数据背景下对企业的财务管理提出了更高的要求,促使企业朝着数字化、信息化的方向发展。通过将精细化的管理策略合理地应用到企业的财务管理中,明确财务管理的核心内容,有利于推动现代企业朝着可持续性的方向发展。本节通过具体论述大数据背景下企业财务精细化管理的策略,为提升企业的财务管理水平提供可参考的依据。

在企业不断发展的过程中,以往所采取的财务管理方法已经无法满足现代市场经济的细分要求,所以要求企业必须改变以往所采取的粗犷式管理方法,合理地将精细化管理策略应用到企业的发展过程中。其中,大数据能够从企业海量的财务信息中整合出有价值的信息,从而为企业的管理层制定决策提供更多的信息数据,有效增强企业的竞争力,促使企业更加稳定健康地发展。

一、树立精细化管理思想,正确认识财务管理的重要性

在现代市场经济快速发展的背景下,整个市场的竞争不断加剧,让各个企业之间的竞争越来越激烈,所以各个企业为了在竞争激烈的市场环境中占据优势地位,便需要充分认识到财务管理的重要性,树立精细化的财务管理思想。由于我国的财务管理理念实施的时间较晚,所以大部分企业的管理层片面地认为财务管理就是传统的记账,尚未与企业的发展管理联系起来,让部分企业在财务管理方面存在严重的片面性。这样难以将财务管理的效能充

分发挥出来，不利于企业稳定发展。尤其是在现代大数据背景下，企业必须及时更新财务管理概念，将精细化管理思想合理地融入企业的财务管理中，提出与企业发展相符合的财务管理方式，逐步将以往的传统记账式管理转变为全过程动态管理，切实增强企业财务管理的效能，以便为企业在市场经济中稳步发展提供可参考的资料。

二、建立完善的财务管理制度，保障精细化管理思想落到实处

在大数据背景下，为了保证企业财务精细化管理的水平，便需要制定完善的财务管理制度，保障精细化管理理念落到实处。其中，建立完善的财务管理制度应主要包括下列几个方面：一是需要严格把控企业发展过程中各项费用的支出，积极做好各项费用的支出预算计划，每一项经费在支出的时候都必须根据企业所提出的财务预算申报要求，逐级向上级进行报告，明确要求管理层严格进行审批；二是构建大额费用审批制度。企业在发展中所支出的每一笔大额费用都必须在费用预算范围之内，并事先就费用支出情况进行立项申报。规范特殊事项的开展流程，待经过企业管理层的集体批准之后再支出相关的使用经费；三是建立完善的财务内部审计制度。针对企业在发展过程中各个事项的财务管理情况都需要在内部进行申请，甚至还可以聘请第三方来进行审计监督，一旦发现了违规甚至是不合理的事项便需要及时进行惩处和纠正；四是构建全面的责任归属和问责制度。通过对企业发展过程中所发现的违规低效项目，不但应该对直接责任人进行问责，而且还需要对相关的管理工作者进行一并问责，采取自上而下的形式，有效提升企业财务管理的水平，最大限度降低企业在发展中所出现的违规事件。

在企业财务管理制度中，除了包括上述几个方面的内容，还需要对企业在发展过程中的网络环境进行评测，规范企业内部各个职能部门管理系统的信息搜集、信息整理，合理地将企业的财务管理数据信息与业务数据信息统筹整合起来，并对财务数据处理进行优化，逐步将繁杂的财务信息转变为精简的企业发展战略决策。这样实施完善的财务管理制度，能够有效降低企业在不断发展的过程中各个职能部门所发生的违规事项，强化企业内部资金管理效率，从而推动现代企业更加快速地向前发展。

三、加强企业财务精细化管理人才队伍建设，提升财务管理人员水平

作为维系社会发展的核心力量，企业的财务管理精细化亦需基于专业人才的支撑，方能达成理想的工作成效。对此，为切实维护企业财务管理工作的有序开展，便必然要对人才的培养及引进给予高度重视。而财务人员本身亦当具备良好的学习意识，继而在实际工作过程中通过不断的学习来充实自身，以此方能对精细化管理的理念及原则有一个较为全面且深刻的认知，继而方能为企业财务的精细化管理提供有力支撑。当然，企业亦需对财务管理

工作的开展给予高度重视，而为提高企业财务管理工作的有效性，关键仍是要加大对此方面的学习。企业可专门邀请此方面的专家到企业进行巡视，并开展诸如座谈、演讲一类的活动，来切实深化企业财务管理人员的精细化管理意识，在促进企业的财务管理逐步往精细化的方向发展的同时切实维护企业的发展稳定与和谐。

总之，当代企业实施精细化管理已然成为时代发展的必然需求。且精细化管理思想在企业中的运用也不仅是局限于财务部门，其他各部门也应对此加以合理应用，切实促进企业整体发展。

第五节　大数据背景下集团企业财务管理

经济快速发展，大数据分析已经是日常工作中不可避免的内容。我国已经步入大数据时代，而企业财务管理工作也逐渐被大数据所影响，导致企业及其财务管理工作正在面临前所未有的挑战。为了适应社会发展，满足自身可持续发展的要求，企业财务管理工作就要熟练掌握并合理利用大数据背景下的数据分析平台。通过这种方式将企业财务管理工作进行不断调整、升级和转变，从而使财务管理工作理念逐渐适应大数据背景下的发展。企业若想不断发展，在市场环境中占据一席之地，就离不开大数据分析的支持。

一、大数据背景下集团企业加强财务管理的意义

现如今，我们的生活与工作已经离不开互联网，互联网已然成为我们工作生活中不可或缺的东西。随着时代发展以及大数据的来临，对企业及其财务管理工作而言，面临着巨大的挑战，企业财务管理须在发展过程中不断适应大数据背景，合理利用大数据背景下的数据分析，为企业发展提供有效依据，促使企业能够制定出合理有效的发展战略。但是，企业财务管理在不断适应大数据背景下，合理利用大数据背景下的数据分析时，仍然存在很多问题需要企业进行解决，因此企业需要更好地促进财务管理在大数据背景下的转变。使企业顺应大数据背景下的发展，同时实现财务管理工作在线处理和远程处理的紧密结合，促使财务工作中的结算效率得到有效提高，促使企业能够有效节约资源，降低财务管理成本。

二、大数据背景下集团企业财务管理中存在的问题

在大数据背景下，企业财务管理工作在转变的过程当中会遇到很多问题，其中问题较为明显的就是企业管理者对财务信息化建设的认识不到位，在进行财务信息化建设时财务数据的安全性得不到保障，公司现有财务人员满足不了财务管理发展需要，数据分析在财务管理工作中受到限制，无法得到有效应用。

（一）企业管理者对财务信息化建设的认识不足甚至匮乏

大数据背景下，各大企业都对财务工作进行了信息化建设，虽然在工作中有所改善，但是由于企业管理者对财务信息化建设的认识和重视程度不同，导致财务信息化在建设过程中受到阻碍，无法真正实现其功能与价值。企业管理者对财务信息化建设的认识不足甚至匮乏，严重阻碍了财务信息化在企业的发展，更不可能实现企业想要通过建设财务信息化所要达到的效果。所以，大多数企业管理者忽视财务信息化建设工作，没有大力支持财务信息化建设工作，导致财务信息化建设工作得不到重视，也是企业不能够通过财务信息化建设过程中取得有效的信息，无法通过信息进行分析，从而制定更加符合企业发展的战略方针。

（二）企业财务数据信息安全问题

随着我国经济快速发展，我国财务信息化建设也在不断发展，如何保障财务信息化数据的安全成为每一个企业需要面临的重要问题。企业在财务信息化建设初期，财务信息化运用时间较短，企业在财务信息化建设方面的专业人员也不多，很多内容在建设初期没有办法做到全面设置，因此，企业网络数据安全隐患的防控力不足，无法保障网络数据安全。例如一个企业的财务信息管理系统被病毒感染或被黑客入侵，那么结果肯定就是财务信息系统的全部瘫痪，更为严重的是如果黑客将公司财务信息进行盗取，那么将给企业带来非常严重的风险及隐患。因此，财务信息化建设过程中的安全性必须受到重视，且需要尽快解决。

（三）企业财务管理人才匮乏，能力不足

企业需要不断适应市场的发展变化，从而保证企业的可持续发展，在大数据背景下，企业财务信息化建设已经是不可避免的趋势，在建设财务信息化的过程中，企业财务管理存在人才匮乏，现有财务人员能力不足，无法满足财务信息化建设的需求，导致财务信息化建设无法有效进行，进而影响到企业获取财务信息的速度以及准确性，使企业无法通过财务所提供的数据进行企业发展的有效分析及战略调整。现有财务人员的能力不足，导致对财务信息化建设的认识有局限性，且操作财务信息系统的水平不高，从而使得财务信息化建设无法顺利开展。

（四）数据分析在财务管理工作当中应用受到限制

财务信息化的建设会使财务人员改变现有工作方式，其结算方式、记账方式、数据整理分析方式都会与原有工作方式不同，原有的数据分析方式较为单一，而财务信息化建设使数据分析方式有了更多的统计方式及分析方法，与原有数据分析方式相比，有着多元化、真实性、准确性、可进行大量数据运转等特点。但是由于财务人员已经习惯原有的数据统计分析方式，使财务信息管理系统中的数据分析得不到有效应用。由于财务人员能力水平有限，也使财务信息系统中数据分析模块无法得到充实了解及应用，使数据分析只是停留在简单的数据统计，无法充分发挥数据分析的作用。因此导致数据分析在财务管理工作中的应用受到限制。

三、大数据背景下集团企业加强财务管理的对策

为了更好地在大数据背景下发展，促进企业的可持续发展，在企业财务管理工作转变的过程中，我们要积极发现问题、解决问题。针对上述问题，我们可以通过提高企业管理者对财务信息化建设的认知、加强对网络信息平台的管理、保障数据安全、不断提升财务人员能力水平同时引进高素质人才满足企业财务管理发展需求、加大数据分析在财务管理工作中的应用等方式进行解决。使财务管理工作尽快完成转变，为企业发展提供有效依据。

（一）提高企业管理者自身对财务信息化建设的认知

财务管理能否顺利转变、财务信息化建设是否顺利开展都取决于企业管理者对其认知程度，只有企业管理者不断提高对企业财务信息化建设的认知，大力支持财务信息化的建设，才能够使财务信息化建设顺利开展。企业管理人员通过自身改变让员工们意识到财务信息化建设的重要性，促使员工能够全身心地投入财务信息化系统的建设当中去。只有管理者与企业员工对财务信息化建设的认知保持一致，才能够共同为了实现企业财务信息化建设而努力奋斗。

（二）建立网络信息管理平台，保障数据安全

财务部门是企业中一个与各部门连接较为密切的部门，尤其是企业的业务部门。企业建立网络信息管理平台使财务部门与各部门之间的联系更为密切，使财务与业务能够有效结合，使数据分析更为准确。搭建网络信息管理平台，使企业内部工作方式及管理方式进行调整，重新进行工作流程的改变使每一个环节在流转的过程中都能够实现统一化，通过网络信息管理平台进行统一的信息管理与流转。在进行网络信息管理平台搭建的过程中，通过专业手段加强网络安全管理，使财务部门及公司各部门数据在更新上传的过程中能够得到有效保护，且定期进行安全防护的更新，使公司财务数据能够得到实时保护，避免数据丢失、盗取。企业还可以引进专业的网络管理人员，对网络管理平台及网络安全进行实时监控，有效保障公司网络管理平台正常运行及公司财务数据完整不丢失。网络管理人员还需要实时掌握动态，不断更新网络管理平台，使管理平台能够满足企业发展需要，简化烦琐环节，调整工作方式，提高工作效率。

（三）提高财务管理人员能力，引进专业人才

财务信息化的建设对企业来说是企业在发展过程中需要经历的改变，同时对原有财务人员来说更是一种冲击，如果不能够适应财务由原有方式向财务信息化的转变，那只能够被企业淘汰。

这一问题的产生，使得企业不得不从两个方面来解决此问题。第一，对现有财务人员进行培训，通过对现有财务人员进行培训，使现有财务人员工作水平及工作能力得到有效提升，使其适应财务信息化的发展。必要时针对现有财务人员组织脱产培训，使财务人员能够

系统地学习、了解、操作财务信息系统,使其满足财务信息化建设的需求。同时,原有财务人员也要不断提高自身技能,满足企业发展需要。企业应对现有财务人员能力存在不足方面,聘请专业机构人员进行有针对性的指导与培训,能够让财务人员明确自身不足,不断提高自身工作技能与水平。第二,企业引进专业的财务管理人员,从而满足财务信息化建设的需要。引进专业的财务人员不仅可以使财务信息化建设能够快速进行,还可以使原有财务人员认识到自身不足,不断提升自身能力,满足企业发展需要。引进专业财务人员的途径有很多,企业可以通过校企合作、猎头推荐等招聘途径快速引进专业人才。因此,想要更好地开展财务信息化建设不仅要引进专业人才满足人员上的需求,还要不断进行培训,提高现有财务人员能力水平。

(四)加强大数据背景下数据分析在财务管理工作中的应用

现如今,数据分析已经是每一个公司制定战略方针所不可缺少的内容,它能够为企业在制定战略方针的过程中提供准确的信息。所谓大数据存在有价值、有真实性、多元化和高速运转大量数据的特点,只有全新的处理模式才能使大数据进行高速运转。原有的数据统计分析是通过大量表格进行处理,设置大量公式以获取相关数据。这样一来就会耗费大量时间进行表格及公式的处理,而且只有通过不断的数据测试以保证公式设置准确无误。而大数据信息处理技术对于财务数据的处理,只需要特征相同即可,大数据信息处理技术就对其进行挖掘,选择有效的数据资源。虽然大数据的分析能够解决很多传统数据统计分析方式的不足,但不代表原有数据统计分析方式就可以被完全取缔,就是无用的。财务人员在进行数据统计分析的过程中可以将原有方式及大数据背景下的数据分析有机结合,从而更好地为企业发展提供有效信息。

通过以上内容,对大数据背景下集团企业发展过程中财务管理所存在问题进行分析并提出相应解决方案。建立财务信息化系统是每个企业顺应大数据背景下发展的必然趋势,因此,企业管理者必须认识到财务信息化建设的重要性,并使全体员工都能有此意识,这样才能够更好地开展财务信息化建设工作。在建设财务信息化的过程中要注意网络管理平台的搭建以及网络安全的管理与维护。财务数据是一个企业的核心,因此要注意网络安全,保护数据不丢失、不被窃取。财务信息化的建设离不开专业人员的支持,为了财务信息化建设能够有效运行,必须提升现有财务人员能力水平以及引进专业的财务人员,从而满足财务信息化建设对人员的需求。财务信息化在建设的过程中也要加强数据分析在财务管理工作中的应用,通过与原有财务数据统计分析方法的结合,使财务部门所提供的数据更具准确性、及时性,为企业发展提供有效依据。

第六节　大数据背景下小微企业财务管理

随着信息技术的不断发展,云计算和物联网技术被应用到各行各业中,市场竞争也愈来愈激烈。在大数据背景下,我国小微企业遇到了新的发展机遇,但也面临着诸多挑战。传统的企业财务管理模式已经不能适应大数据背景下的要求,如何利用大数据的先进技术来促进小微企业财务管理模式的创新与发展,使小微企业在激烈的市场竞争中处于优势地位,已成为一个共同关注的问题。

大数据即大量的数据资料,是指运用计算机网络产生的海量的、混杂的、结构复杂的数据,而这些数据资料无法运用当前的软件进行整理,其处理与应用是以云计算为基础,并通过数据相关关系分析法来最终实现对事物的预测和价值服务。

大数据背景下对数据的计算单位最低从 P（一千 T）开始,还有 EB、ZB,并且还在快速增长。相关资料表明,2012 年全球产生的数据总量为 2.7~3.5 ZB,预计到 2020 年,全球数据总量将超过 44 ZB,这个数据量是 2012 年的 12 倍,中国的数据量将达到 8 060 EB,是全球数据总量的 18%。由此可知,全球的数据量每年的增长速度极快,未来的增长速度将更快,数据量将会越来越大。

大数据的来源不仅仅局限于传统的关系型数据库,还有社交网络、在线交易、通话记录、传感设备、社交媒体论坛、搜索引擎等。格式也多种多样,包含文字、音频、图片、视频等,数据在这些多样的格式上进行转换、保存、记录、运用,多样的格式也导致数据有不同的结构。

大数据的信息量大,类型多样,但是在这些数据中,价值高的信息较少,即价值密度低,这对于大数据技术来说也是一个挑战,需要从庞大的数据网中深入挖掘和提炼,并进行处理才能有效利用。

一、小微企业财务管理存在的问题及原因

在大数据背景下,我国小微企业在财务管理方面存在意识薄弱、投入不足、水平不高等问题,使得小微企业在激烈的市场竞争中面临诸多困难。下面针对小微企业财务管理存在的问题进行分析,提出解决对策。

（一）外部环境

小微企业经营规模小,资金不足,但随着企业的不断发展,必须扩大生产规模,这就需要更多资金的支持。而企业的经营规模达不到银行等融资机构的融资要求,很难筹到资金。同时,小微企业还存在信用度低的现象,在经营中不重视企业信用等级,只关注企业的生产。银行向企业贷款的主要目的是盈利,而小微企业的固定资产抵押较少,资金的流动性大,因此银行会特别慎重。

（二）内部管理存在的问题

1. 企业财务管理意识薄弱

目前，很多企业还采用传统的管理模式，在内部没有制定合理的管理标准，导致信息使用者对财务信息化管理认识不清晰，对大数据背景下的财务管理理念不熟悉，不能很好地适应大数据背景下的财务管理技术，缺乏运用大数据信息化手段分析处理企业数据的意识，使小微企业不能紧跟时代步伐快速发展。在实践活动中，有的小微企业的管理意识薄弱，管理能力差，对企业的资产评估不准确，会导致成本增加，利润不足，影响企业的正常发展。因此，企业的财务管理意识反作用于企业的财务经济发展。

2. 财务管理水平层次低，共享性差

由于小微企业自身规模较小，薪资和发展空间都不能满足专业财务人员的需求，因此人们在择业时很少会选择小微企业，导致小微企业缺少专业财务人员。现有财务人员的基本操作能力、业务技能、政治素质达不到企业的要求，而且小微企业还存在信息共享性差的问题，即财务部门与其他部门互相分离，各部门之间信息封闭，导致企业财务管理的效率极低。

3. 财务管理风险意识低

计算机网络技术的发展，给企业经营活动提供了很大的便利，但也使企业的经营和发展面临着挑战和风险，包括投资风险、筹资风险、资金运营风险、利益分配风险。在大数据背景下，对企业财务数据信息的处理分析能力和风险控制能力的要求越来越高，而小微企业的风险意识较低，未实现企业内外部信息共享。如果企业内部信息与外部信息不一致，将会面临严重的资金运营风险。

二、大数据对小微企业财务管理的影响

大数据技术是企业财务管理方面的先导技术，能推动企业进行改革创新，特别是对企业财务管理方面有重要影响。更新了企业管理者的管理理念，提升了企业的财务管理能力，推动企业由传统的财务管理模式向大数据迈进。

（一）大数据将提高财务数据处理的效率

与传统的财务处理模式相比，大数据技术提高了财务数据处理的效率，在处理数据的过程中节约了人力、物力、财力，并且结果更为准确。同时，大数据技术为企业财务管理信息提供了一个海量的管理平台，将数据储存在结构完整的管理库中，可以提高财务数据的处理效率，降低企业的总体成本，也使企业实现了财务数据信息化管理，为企业决策提供了坚实的基础。

（二）为企业的风险管理及内部控制提供平台

企业在进行内部控制时，运用大数据处理系统可以对内部进行精确的管控，为企业获取全面、精准、有价值的信息提供有力保障，同时也可以帮助企业对风险进行深度的分析，有效规避风险。

风险管理是企业内部控制的安全保障。企业应加强风险管理控制体系的建设，通过大数据处理系统，可以对各项财务信息进行有效监控，在一定程度上降低风险发生率，达到规避风险的目的。大数据可以帮助企业科学地进行管理，降低各项成本，为企业决策提供准确的信息依据。

（三）高效实现全面预算管理

大数据技术的盛行，推动了企业建立全面、系统的预算管理平台，能有效解决在财务预算管理过程中存在的问题。通过预算管理平台，企业能获得大量有价值的财务信息，运用大数据技术建立财务预算管理系统，能快速、高效地获取真实可靠的财务数据，利用这些数据处理、分析、预测企业未来的资金流向，及时有效地对下期预算编制进行调节与控制，确立符合实际情况的运营计划和目标，高效实现全面预算。

三、大数据背景下小微企业财务管理的对策

（一）增强企业自身的财务管理意识

企业一定要增强自身的财务管理意识，如果不能及时掌握最新的财务信息，将会给企业带来巨大的损失。

1. 建立健全财务管理机构

企业应该设立单独的财务管理机构。在大数据背景下，财务数据信息量大、种类多，经济业务和财政收支繁杂，需要有专门的人员进行处理，从而使信息发挥更大的作用。

2. 加强人员管理及培养

在大数据背景下，人才建设在企业创新中发挥着重要作用。因此要加强财务人员管理创新，改变传统落后的财务管理观念，重视财务专业技能和综合素养，还要提升财务管理水平。这就要求财务管理人员不仅具备财务组织能力，而且还需具备分析能力、洞察能力、信息化处理能力等。

3. 加强内部考核制度

企业应该完善内部考核制度与奖励制度。建立考核制度，对财务人员的专业水平进行考核，对优秀的人员进行奖励表彰，有利于调动财务人员的工作积极性。

（二）创新财务管理模式

财务管理作为企业最核心的内容，管理模式和管理水平在很大程度上会直接影响企业的发展。企业必须不断调整管理机制，创新管理模式，但也要充分考虑企业内部管理体制和财务管理机制的协调性。

1. 建立完善的财务管理信息化制度

部门负责人要清楚认识到大数据在财务管理信息化工作中的重要性，并重视与其他部门的配合，要认真落实好财务信息化建设工作。各个部门要严格以财务管理信息化为中心建设结构体系，对硬件、软件进行设计，建立一个完善的体系。

2. 建立监督机制

大数据背景下改变了企业的发展模式，这就要求企业适应时代的发展，深入开展财务管理工作。要加强内审机构的监督检查力度，建立健全内部控制制度和检查制度，还可以聘请一些专业的会计人员和审计人员找出财务管理过程中出现的问题，以便更好地发挥企业内部控制制度的作用。

3. 建立风险控制体系

在财务管理中，风险管理是关键。大数据的到来，使各种数据资源种类多、来源广、结构复杂，财务风险也有所增加。因此，需要重新构建财务风险体系。①详细了解财务管理的概念与结构。②确定一个财务风险控制的目标并进行重建。③根据外部经济环境来平衡投资风险。

应进一步提升财务管理质量，提高财务管理效率，提升企业管理的整体水平，形成一套规范、高效的财务管理系统，以适应大数据背景下的发展要求，为国民经济的发展壮大做出应有的贡献。

第四章 财务会计的人工智能化转型

第一节 人工智能对财务会计工作的影响

一、人工智能技术

人工智能是一门新兴科学,正在悄悄崛起,它研究和开发理论、模拟、技术、方法和应用系统,用以扩展人类智能。计算机技术领域的一个重要分支就是人工智能,人类智力所做出的反应与它的反应类似。它的研究范围包括专家系统、自然语言处理、图像识别、语音识别和机器人。它在理论和技术上都变得规范化且越来越成熟,其应用领域越来越广泛,已逐渐扩展到会计行业。人工智能不仅能够模拟人类意识还能够模拟人类思想。人工智能并不简单是人类的智能,但是神奇的是它不仅能够像人类一样去思索各种问题,还会比人类聪明万分。

人工智能是一门让人类想去挑战的科学。它可分为如下两部分,首先第一部分是"人",第二部分是"智能"。"人工制度、易懂和无争议"是人工智能的常识。关于智力是什么还有更多的问题,包括意识、自我和心灵。人类所研究的智能只不过是自己的智能,但人们对自己智能的理解是如此有限,很难定义什么是"人工智能"。

自 20 世纪 70 年代人工智能问世以来,它就始终被认为是世界上遥遥领先的三大技术之一,同时也是 21 世纪以来最尖端的三大技术之一。

二、会计人工智能的发展及应用现状

随着科学技术无比迅猛的发展,尤其是当下信息时代,它与人工智能的联系越来越紧密。由于人工智能技术的不断成熟和蓬勃发展,其研究范围和应用范围将会越来越广泛,包括会计在内。

目前,人工智能已经在教育行业得到广泛的应用。国家发展的关键问题涵盖了交流沟通和教育。智能教育的可持续发展无疑能够促进国家、学生、教师和家长之间的密切交流。

人工智能的蓬勃发展分为如下四个阶段。第一个重要阶段就是计算机智能(1956—1980 年)。人工智能已经在语言处理上和解决问题上取得了很大的进展,可是由于机器翻

译的最终失败和消解法推理能力遇到了困难,政府和投资人开始对人工智能的发展失去信心,人们开始对人工智能的发展产生怀疑,因此投资人减少资金的投入,资金开始急剧减少,人工智能的发展经历了第一个寒冬。第二个阶段是认知语言能力(1980—1993年),人工智能研究体系诞生于20世纪80年代,它的商业价值逐渐被大众认可。第三个阶段是人工智能。认知智能:随着现代科学技术的飞速发展、硬件成本的不断降低、数据的不断收集和技术的不断成熟,人工智能已经开始了一个爆炸性的时期。很多人工智能产品如雨后春笋般蓬勃发展。第四个阶段(2016年至今),IBM率先推动了创新的第一波浪潮,尤其在商业化乃至全球人工智能核心业务方面,特别是在李世石反击新闻报道后,阿尔法价格逐渐走高,很多人开始探索人工智能领域,越来越多的公司开始进入人工智能行业,自然语言技术、深海算法、人们耳熟能详的词汇,如神经网络和人工智能等产品和服务正逐渐渗透到人们的生活中。

三、人工智能对企业财务会计工作的影响

(一)人工智能的积极作用

在人工智能的科技时代,人们将利用会计智能软件完成许多烦琐的工作,大大提高生产效率,大幅度减少工作上的失误,极大地提高了企业核心竞争力,这将有助于促进会计行业的转型。一些小企业在传统会计岗位上,不相容的岗位并没有真正分开,财务会计账目混乱,为财务造假和不法分子谋取私利创造了机会。而且在人工智能环境下,大部分会计工作都是由计算机完成的,会计人员只需对其进行审核。循环结束时,系统将自动平衡测试。人工智能在一定程度上大大降低了财务造假的可能性。

在传统会计岗位上,报表的形成、账簿的登记及凭证的生成,严重依赖会计人员的认真负责的校对。如果企业利用会计软件来进行会计核算校准,无疑会大大减少工作上的差错,会大幅度提高会计信息质量。

(二)人工智能的潜在危险和对会计行业的冲击

人工智能的安全性还不足,这可能会导致人工智能中核心数据被盗,甚至会致使企业重大机密或私密数据的完全泄露,结果是难以想象的。人工智能也有不可控性,例如程序突然出现错误,或者程序可能莫名其妙失败,这无疑增大了数据丢失的可能性。另一方面的不可控性取决于科学技术的快速发展。在未来,可能会出现自主的、强大的人工智能,能够自主学习、重新编程和处理代码,并可能承担一定的风险。从社会角度来看,存在过度依赖人工智能的风险,这可能会破坏财务会计领域的学术研究和基础理论探索。中国的人工智能相比其他国家较为开放。时至今日,法律更新的范围远远达不到会计人工智能的发展速度。人工智能得到便利的同时,也毫无疑问地会产生一些不可避免的法律风险。

人工智能金融机器人将财务会计与人工智能相结合,它可以既准确又快速地完成基础工作,哪怕是传统工作中耗费大量人力、物力的工作。因此,许多基本的会计工作将被取消,

如基础会计、费用往来会计和核算会计。会计市场已经趋于饱和状态,市场需求远远小于会计供给,资格证书不再越老越受人们欢迎。

四、财务会计工作应对人工智能的措施

（一）高校会计教育实用性变革

人工智能在生产和日常生活中越来越普遍,将是会计领域千载难逢的机遇。毫无疑问,这是一个巨大的难题。对会计人员来说,高校会计实务改革就必须首先转变人才培育目标。过去会计往往提供信息,所以学校的教学大多集中在"会计"培训上。在当今时代,会计职能由以往的显示价值到现在的创造价值,是会计工作的主要职能的重大变化。因此,高校更应该审时度势,顺应时代的呼声和需要。他们不仅要掌握学生的专业知识,还要加强管理和数据分析能力。一是增加管理会计培训相关内容。增设对应实用课程,这样方能使得人才培养质量得以提升。高校还应充分利用资源,增设成本控制、绩效考核等一系列管理会计专项课程,充分挖掘每一个学生创造价值的无限潜力。二是让人工智能进入大学课堂,不断去增加一些实践课程。在当前时代浪潮下,每一个行业的新发展都需要紧密依靠新技术、新技能和新知识。把人工智能带到大学课堂,让学生得到实际体验。

（二）会计从业人员需求特质的转变

在人工智能的浪潮中,作为金融工作者,我们不仅应该看到财务职能带来的效率和便利,还应该认识到人工智能给会计行业带来的机遇和挑战。挑战是大量基础工作的转移以及大量基础工人面临的失业危机。机会是抓住这一变化,努力提高自己的价值,加速自己的升级和转型,顺应时代潮流,了解管理会计的重要性,学习管理知识,并成为企业价值的创造者。社会不可或缺的人才。人工智能就像一把双刃剑,我们必须牢牢抓住千载难逢的机遇,正确科学地规划我们的职业生涯,积极成为复合型人才。

（三）对传统思维观念进行转变和创新

随着科学技术的飞速发展,人工智能在各行各业表现出愈发流行的趋势,一些会计人员特别容易被人工智能所顶替。因此大多数低端会计人才都应该将眼光放在未来,提升自身能力是基础,并努力在会计行业中占据一席之地。作为一名优秀的会计人员,如果仅拥有少量会计知识且不去更新是肯定不够的。我们需要全面提高自身综合能力,积极学习审计、税法、战略等方面的知识,提高自身数据分析的能力,变为综合型高端会计人才,实现手工工作与会计软件工作的结合,最大限度地提高工作效率,提高应用专业知识的能力,成为不可或缺的人才。

（四）增强安全意识,确保财务信息安全

人工智能的兴起,与之相伴的信息安全问题也已来临,信息安全问题走入人们的视野,受到人们的广泛关注和极大重视。财务管理作为一个单位最核心的业务,安全问题更是不

容小觑。在系统安全方面，财务机器人运行主要是根据训练模型，通过AI算法程序运行来对数据进行处理和分析。在此过程中，如果出现外部人员非法入侵其中任何一项对其进行改写，都将会对企业造成重大经济损失。做好数据采集、存储、传输、共享、使用、销毁等步骤的重要数据的安全工作，避免数据被非法访问者利用抓取、破坏、修改、损毁等手段造成会计行业混乱，这也是目前互联网时代和人工智能时代一直需要直面的问题。人工智能应用于会计领域，虽然能带来效率的提升，但它所带来的风险也是不能忽视的。网络的安全建设工作是重中之重，现阶段我国遗留很多未能解决的网络安全隐患。这需要企业定期升级和改善自己的系统，而会计师则需掌握吸收更多的网络知识，以便可以应对挑战，这样就会不断减少由网络所导致的系统漏洞甚至信息泄露。

（五）改变思维模式，树立终身学习目标

人工智能的发展无疑会对会计人员提出更加严格乃至严苛的要求。对于会计从业人员来说，以往的工作学习内容已经远远不能满足胜任当前会计工作的要求，尤其在人工智能技术的广泛应用中，极难满足各种要求。因此，对于那些未曾被时代淘汰的相关人士，必须树立起一个重要理念，那就是终身学习。在会计工作中，应该看出人工智能技术的发展带来的生存危机。不断学习实践，更加严格鞭策自己，提高自身综合素质，更新自己知识，以更适应人工智能技术，跟上它发展的脚步。在日常工作中，会计从业人员只要加强对人工智能的深入研究和新业务在会计领域中的应用研究，充分理解并掌握会计行业的新兴模式，懂得管理基础理论和电子信息的相关技术，那么就一定会提高自身的竞争力。

人工智能的迅猛发展无疑是科学技术突飞猛进的体现，它是当今时代进步的必然，人工智能的不断创新将会为会计领域带来深远的影响，涵盖了再造会计核算流程，这将会大幅度减少会计信息的失误和失真，大大提升会计的工作效率，有助于推动会计职业架构的成功转型。人工智能必然会为会计行业带来好处，但是我们更要提防人工智能所呈现的新风险和新挑战。如果要人工智能技术服务于会计领域，对于公司层面，一定要树立正确的价值走向，这样方可推进人工智能在会计领域发挥重要作用。不得不说，人工智能的迅猛发展带来的是机遇，但是也有激烈的挑战，因此人工智能对会计领域产生的深远影响还体现在它在会计工作中所产生的作用，我们一定要一分为二地看待。对于人工智能技术日复一日地迅速进步，我们会计工作人员应当积极看待，严于律己，不断地去提升自己的素质，积极融入新环境，坚持终身学习的理念，去汲取新的科学知识技能，这样方能游刃有余地去应对工作中的各种棘手的问题。

经济的迅速发展和社会的进步深受人工智能发展的影响，财务人员应依据当今形势迎接严峻的挑战，酌情审势，及时了解、及时关注人工智能对财会带来的深远影响和挑战，应深入研究如何有效地熟练操控人工智能，成为人工智能的使用者而不是被它所代替，使自己成为高端复合型人才、企业战略的决策者和制定者。管理会计是对财务会计工作的一种伟大超越，管理会计更倾向于对经济活动的控制和规划，帮助管理者做出正确决策，是会计行业

将来的必然常态。在人工智能的迅猛发展下,管理会计必然会和人工智能协调发展,尤其是在企业的未来规划、控制及决策等方面的作用将日益凸显出来。

第二节　财务会计由信息化到智能化转型发展

科技的进步带动了人工智能技术的发展,随着人工智能在我国各行各业的普及与渗透,各行各业的发展模式都发生了改变。2016年德勤会计师事务所研发出智能财务机器人,标志着人工智能在会计领域的一大进展。智能财务机器人的问世,大大提升了传统会计工作效率,重新定义了传统会计的记账、算账和报账等内容,使得人工智能环境下的财务会计有了新的工作内容和工作模式。这也意味着财务会计要面临人工智能环境下转型发展的新挑战。本节围绕财务会计与人工智能展开论述,重点探讨在人工智能应用环境下,财务会计由信息化向智能化转型发展的策略建议。

一、财务会计与人工智能

财务会计(Financial accounting)是按照国家相关法律法规和会计程序,以专业化处理方法对企业财产运作、资金流转、融资投资等相关事件进行统计、核对以及监督工作,并及时向企业相关利益者和国家相关部门提供财务运行报告的经济管理活动。财务会计是保证企业稳定运营的基础性工作,财务报告是财务会计统计、核对和分析的财务数据,企业管理者通过财务报告的阅读,就能够全面了解企业的经营现状,并以此作为决策的参考和依据。

人工智能,就是利用计算机技术、数据技术为人们提供周到的服务。人工智能的设计原则是以人为本,其本质就是数据计算,即按照人类的逻辑思维来进行相关的软件开发和芯片制作,人们可以通过键盘、鼠标、屏幕等输入端与人工智能进行互动交流。人工智能设备能够取代人类做一些人类不擅长、高难度和有危险的工作,其不仅拥有较强的学习能力,还能够自我演化迭代,吸收各类知识,在原有知识体系中进化新知识,更新自己的知识库,适应新环境。

随着人工智能时代的全面到来,大数据、云计算和人工智能应用越来越广泛,人工智能在会计领域的应用逐渐取代了人的工作。传统财务会计体系在一定程度不再适合企业发展的需求,这也给传统的财务会计活动带来挑战。财务会计需要在工作过程中不断转型,寻求更好的发展。

二、财务会计由信息化向智能化转型的发展现状

通过上文对人工智能时代的论述可知,智能化的时代背景对财务会计提出了新的要求。在时代推动下,企业不断加大创新,以适应人工智能时代的新要求,对传统的工作模式进行改革。财务会计也逐渐拓展其职能,积极融入企业内部的业务活动之中,加强预测业务,评估经

济活动，为企业的经济决策和控制活动提供有价值的信息服务。很多企业不断推动财务会计转型升级，从管理会计、业财融合、财务共享等方面寻找突破口，以顺利推进财务会计转型。

（一）业财融合

"业财融合"是指利用科学有效的信息技术，在财务部门和业务部门之间共享资金流动、信息流等信息和数据，促进企业更好地实施相关政策决定和计划方案。传统的财务会计主要是事后会计，通常不重视业务的管理和解决，而是对会计信息以监督的形式进行工作，这限制了企业财务的价值和作用。"业财融合"中，财务会计工作真正有效地融入业务活动，进行财务事前预估、事中控制和事后监督，这样的财务政策决定模式不断扩展和开拓财务部门的职能作用。

（二）管理会计

管理会计（Management Accounting）是目前会计大类中的一个分支，其作用是为企业经济决策提供信息服务，包括对财务数据的收集、处理、分析与预测等。管理会计作为针对企业内部决策的财务管理方式，正在起到越来越重要的作用，成为企业实现目标战略的重要工具。其主要任务是对已有财务数据进行动态分析和实时预测，通过数据分析、结果预测等过程，将分析结果和研究成果直接提供给企业管理层，帮助管理层优化中长期发展目标。

（三）财务共享服务中心

财务共享服务中心是指企业集团将各子公司和分公司的财务工作集中起来，进行批量处理，通过调整组织机构和资源配置，建立标准化和统一化处理财务信息的机构或系统，从而减少财务管理方面的成本，便于集团财务的高效管理。企业集团传统的财务管理，由于子公司和分公司众多，各个财务部门独立，导致财务管理分散，难以做到统一协调，给企业集团的财务活动带来巨大影响，财务数据难以共享，财务数据收集和分析效率低。财务共享服务中心有利于将复杂的财务工作流程简单化和标准化，提高财务信息收集和分析的效率，便于深挖财务信息，为企业的发展战略和经验计划等重要决策提供数据支持。

三、财务会计由信息化到智能化转型发展的问题分析

人工智能的本质是社会生产力的革新，历史上每次生产力的革新都会对传统的工作模式形成挑战，在会计领域，四大会计师事务所相继研究出自己的财务管理机器人，会计行业的人工智能化不断升级，大量机械重复的会计工作将由人工智能设备来完成，这对财务会计的转型发展提出严峻考验。

（一）对财务会计转型的认知不足

企业最看重经济效益，企业经营者都将重心放在研发、生产、销售等环节上，对财务工作重视程度不够，认为财务管理工作不重要，财务人员直接参与公司经营决策的机会很少。还有一些企业很少关注财务管理工作，认为财务管理有会计记账就行，根本没有管理的概念。

财务人员也认为只要完成统计工作即可,不会去进一步分析数据。实践证明这种观念落后,对企业发展没有促进作用。在进行财务数据整理过程中,可以发掘很多经济信息,对企业财务体系的转型有着非常重要的作用。

(二)企业组织对财务会计转型的配合度不高

传统的企业组织形式中,财务部门与业务部门之间的沟通并不多,财务部门主要是对业务部门产生的经济数据进行核对和记录,更多的是起到事后管理的作用。在这种情况下,不仅业务部门和财务部门之间的信息在传递过程中极易出现延误和失真,不利于财务部门的基础数据核算工作,财务信息处理的结果也容易与真实情况不符,无法对企业业务起到参考作用。

再加上传统的财务报表编制,只关注固定的财务指标数据,导致财务部门很难对企业业务中的其他信息保持关注,财务管理的效果不理想,达不到新时期企业经营发展的需求。

(三)财务会计的专业技能有待提高

传统的会计工作对于数据的整理是非常烦琐的,但由于企业对于财务工作重视程度不够,导致了财务工作者们要投入大量的精力去完成数据的统计工作,使得财务管理工作实际的工作效率并不高。财务工作的特殊性,造成了财务工作者所面临的工作环境单一、工作内容烦琐,许多财务员工面临巨大的压力,基本不会主动去了解其他部门的工作内容,尤其是人工智能方面的知识。长期如此就造成了财务人员知识匮乏,新的知识储备不足。

(四)财务会计转型的信息化环境不友好

大多数企业中各个部门都是独立的信息管理系统,本部门的所有信息都只能留在该部门内部,各个部门系统呈现各自为政的状态,没有充分实现信息全共享,甚至很多数据都没有及时有效地传输到企业财务系统中,财务部门不能及时了解公司发展过程中对于资金的需求、收支情况,进而影响财务部制定下一步的财务计划和融资安排,无法实现财务与主营业务相融合,阻碍了财务会计向管理会计转型的进程。

四、财务会计由信息化到智能化转型发展的策略建议

(一)增强对财务会计工作的重视度

财务管理对企业的发展具有决定作用,尤其在人工智能逐渐进入财务管理体系的发展趋势下,企业管理者更应该认识到财务工作的重要性,关注财务体系的转型工作。

第一,改变传统的财务会计理念。企业要重新审视会计职能,要求财务人员将工作的重心更多地放在数据的处理、分析和趋势判断上。高度关注业务的事前预测,能够更有效地提高企业内部经济决策的科学性,减少财务风险。

第二,保持敏锐的嗅觉,了解人工智能在财务管理领域的研究进展,及时将最新的研究成果与本企业的财务工作相联系,结合本企业实际的财务管理工作进展,有针对性地引入相关的技术,为企业内部财务会计的转型升级提供技术支持。

第三，保持学习的态度，企业财务人员始终全面了解财务会计和管理财务的优缺点，不断掌握更多人工智能等先进的知识，在日常的财务工作中要时刻总结工作经验，更新自己的专业思维，以应对人工智能给会计工作带来的挑战。

（二）优化组织结构和业务流程

第一，调整传统的会计组织结构。部门架构的调整是实现业财融合和智能化转型的基础条件之一。将企业内所有业务活动进行整合，此时单凭财务部门无法顺利开展财务会计工作，应适当调整传统财务会计组织架构，同时需各部门积极配合。部门间融合的好坏将直接决定财务转型的管理效率。这就要求企业在转型时期，不断加大改革力度，持续推动财务工作标准化、程序化、规范化，发挥出财务管理的最优价值。第二，制定全新的财务执行标准。在人工智能日益成熟的背景下，传统财务会计业务流程已经不能满足新的需求。在建设全新的财务系统时，企业管理者应对传统会计业务流程进行梳理，在符合国家相关机构要求下，建立新的财务处理标准，制定工作流程，使其更好地融入企业的业务活动中，从而保障财务转型工作更加科学。根据企业发展实际及时修订执行标准，完善财务工作方案，使财务会计转型工作顺利开展。

（三）加强对财务会计的新技能培训

第一，改进财务部门的工作方式。随着人工智能在财务方面取得了重大突破，企业陆续引进相关技术对财务体系进行升级。在此背景下，企业要及时更新财务人员的工作方式，在新型财务体系的要求下，改进员工的工作技能，提高公司财务工作的效率，通过提升专业水平，为相关工作的顺利开展提供动力。

第二，提高财务人员专业素养。传统的财务人员会计知识丰富，缺乏探索业财融合、管理会计等的经验，知识结构和能力有限。企业不仅要引导财务人员学习业务与财务一体化的相关知识，在实践中，还要不断跟踪业财融合的进程，加快转型事件，全面提高财务团队的综合素质，加强人才基础建设。当发现财务问题时，加大教育培训力度，帮助财务会计找出问题的根源，有针对性地解决专业素养不足的问题。

（四）构建良好的信息系统环境

第一，企业在进行财务体系转型的过程中，应该科学合理地将互联网加入到财务体系的建设中来，构建一个全面的人工智能应用系统管理，并加大资金力度，不断升级优化该系统，确保该应用系统能够发挥最大作用，为会计工作的顺利开展提供支持。加强财务信息化水平建设，在财务管理方面加大资金投入，完善财务统计的软件系统等设施，提升数据收集处理与传输的效率。

第二，在财务工作中运用人工智能技术的过程中，要制定限值，不能忽视人工的重要性。对于关键性的财务数据还应该由专业的财务人员进行统计、核对、分析，避免由于人工智能技术软件或者硬件无法正常使用，使得关键性数据丢失，进而影响企业良性发展。

第三，加大基础会计工作信息化改造力度。先进的网络信息技术将成为实现智能化转型的重要支撑。针对一些企业信息系统碎片化、不能对信息数据进行有效整合的问题,企业在提供配套的软硬件基础设施的同时,应加大基础会计工作信息化改造力度,使财务会计从重复劳动中解脱出来,为财务人员将大量精力投入信息管理中奠定基础。

随着科学技术进步,人工智能获得飞速发展,给企业财务会计转型带来机遇与挑战。

在智能化发展背景下,企业财务会计转型要求企业高度重视财务会计的智能延伸,结合自身实际情况,调整企业组织管理架构、加强人员培训力度、加快信息化建设,充分发挥管理会计、财务共享服务中心、业财融合的优势,使企业财务会计转型成功,高效完成财务管理工作,在新模式下创造更多的收益,促进高质量发展目标的实现。

第三节　人工智能视阈下的智慧财务管理

人类社会已经进入人工智能时代。现如今,人工智能不仅改变了人们的思维模式,还催化了传统财务管理模式改革创新,使财务管理活动中的预测、决策、控制等环节也受到了较大影响,这给传统财务管理的业务流程带来了一定的挑战。因此,在人工智能财务管理时代,无论是企业决策者还是财务从业人员都必须重新审视财务管理这项工作,并密切关注人工智能技术给传统财务管理工作带来的新要素和构建"智慧财务"管理模式的流程,及时更新企业财务管理理念与财务管理模式,进一步推动管理智能化变革,以适应新时代发展,从而高效而又全面地提高财务工作效率,为企业创造更多经济效益。

一、人工智能在"智慧财务"管理中的发展

人工智能技术是世界尖端技术之一,通过融入"智慧财务"管理,不但能够保证财务管理的安全,还能在很大程度上提升财务管理的工作效率。当前,人工智能得到了迅猛发展,各类新型商业模式也应运而生,这使得传统的企业财务管理已经无法满足人工智能视阈下现代企业对财务管理新的需求。现如今,人工智能技术作为现代计算机信息技术的一部分,已有先例将这项技术成功地应用到了银行等金融机构中,还有部分企业也将其融入了财务管理模式中,用于追踪企业经营过程中各部门产生的相关财务信息。人工智能技术不仅可以用来分析企业财务报表,还能根据财务报表做出正确的决策。总的来说,智能化财务管理侧重于协同、信息共享,其更关注高价值流程领域的拓展延伸。通过"智慧财务"管理系统,企业资金与各类投资都能得到最优保障。

二、人工智能对"智慧财务"管理的影响

第一,突破人工劳动的时空限制。通过"智慧财务"管理能实现全天候高强度工作,并在保证工作准确性的情况下大幅提高财务服务效率。第二,可以做到严格规范服务。通过"智

慧财务"管理能实时掌握最新财务数据库,并能囊括所有的财务管理制度,做到随时使新出台的规定迅速生效,还能有效规避因人工认知有限而导致的失误,同时节省业务人员与财务人员交涉时间、提高效率,也能改善单位工作氛围。第三,帮助实现自助办公。财务人员能够通过"智慧财务"管理系统,自主、灵活地选择业务办理时间,无须考虑空间限制,在线完成自主审批、凭证管理等多项工作。第四,帮助减少业务流程。"智慧财务"管理可以改变以往人工模式下需要层层复核的模式,将各项烦琐的财务手续转为在计算机后台运行,从而减少财务业务的流程,同时还能减少人工工作负荷,降低人工成本。第五,推进信息共享。实施"智慧财务"管理,在网络平台上就能实现各部门财务数据实时共享。不仅如此,还能帮助财务人员对各类财务信息加以筛选,并予以整合。有了这一功能,可以大大缩短财务数据的处理时间,只需财务人员审核后,便可及时交给上级部门参考。由此可见,人工智能时代的"智慧财务"管理发生了翻天覆地的变化。这对企业决策者和财务从业者而言既是机遇也是挑战。成功运用人工智能技术后,既减轻了财务从业人员的工作压力,又对财务人员的工作能力提出了新的要求。对企业决策者而言,这不仅减轻了其管理压力,而且增强了抵御风险的能力。

三、人工智能视阈下"智慧财务"管理模式构建策略

(一)构建"智慧财务"架构

第一,建立数据基础层。对"智慧财务"而言,直截了当的数据就是最有力的支撑,与此同时,掌控大量财务实时数据也是人工智能技术发挥其应有效用的体现。因此,建立数据基础层的意义非同一般。在人工智能时代,财务工作不仅包括处理结构化数据,还要将非结构化数据的影响也纳入综合考虑范围。这是因为结构化数据通常以标签的形式存在,而非结构化数据需要根据现有的具体情况实现管理与储存。

第二,建立智能技术引擎层。构建数据基础层是构建"智慧财务"模式的基础,而财务工作智能化的进阶版本则是建立智能技术引擎层。引擎层是专业的技术操控平台,能够根据具体使用情景灵活地对业务流程进行调度安排。相比传统技术引擎,智能技术引擎是以深度学习为依据,形成新光学字符识别(Optical Character Recognition,OCR)技术引擎,通过对两种不同数据的统筹,实现图像提取。

第三,建立综合应用层。作为"智慧财务"模式中的重要环节,应对4个方面予以重视。一是专业财务。作为财务工作中的根本任务,其是其他财务工作顺利进行的必要前提。就这一方面而言,区域链技术将起到非常重要的作用,其因账簿的分布式特点,能够在很大程度上降低资金运转的风险。二是业务财务。作为专业财务的拓展部分,业务财务囊括了大量的财务管理流程,如产品营销等。企业可以通过二维码、传感器等手段将产品大量投放市场,再将获取的相关产品营销情况予以统筹分析,了解大众消费者对此产品的需求。三是战略财务。就企业财务的整体情况而言,战略财务覆盖了企业财务管理的方方面面。例如,价值管理,它是利用大数据的技术优势,从而深层次挖掘智能情景。四是智能财务,涉及的方

面主要包括建立智能财务管理组织、维系财务系统运转智能化及加强对人员的智能化管理。从财务共享服务中心来讲，企业决策者应充分考虑人工智能技术给企业财务管理带来的各类影响，在保证控制好负面影响的前提下最大限度实现"智慧财务"工作流程的自动化。

（二）具体开展路径

1. 依据数据标准化打造数据"云化模式"

"智慧财务"使得财务管理工作越来越规范，流程也更精简有序。为成功打造"智慧财务"模式，其中数据标准化就是一项重要参数，同时也是实现"智慧财务"管理的有效途径。只有通过对财务数据的标准化设置，才能在此基础上打造好数据"云化模式"。此模式能方便财务部门及时获取来自其他部门的相关财务信息，更快整合提取可用信息。实现财务信息标准化不仅可以提高财务数据的实时有效性，还能为企业管理者进行决策提供重要参考。除此之外，云计算也为企业在财务工作中实现"云化"提供了技术保障。但对中小企业而言，打造"云化模式"的前期投入很容易使他们望而却步，从而成为发展过程中的硬性障碍。相反，对较大规模的企业而言，"云化模式"在经过前期投入后，反而能极大降低管理运营成本，进而加强自身财务业务建设。

2. 构建内外联动、虚拟交互的开放型财务架构

要实现开放型财务架构，需要"云化"企业内部各部门财务数据。为达到真正破除物理壁垒这一目的，还需要建构能够同外部财务信息进行沟通的系统联动机制，从而建立能够进行深度交互的虚拟共享平台，就像国内在建的电子营业执照系统，即通过网络这个虚拟平台，足不出户即可在线完成企业执照信息的审核过程，接着自动生成相关企业的电子营业执照，再通过网络虚拟平台面向大众进行公示，最后完成社会监督后，向企业下发电子营业执照。信息共享的重要性也在这个内外联动、虚拟交互的开放性网络中体现了出来，倘若没有这一开放性网络，工序流程将会非常复杂，不仅耗费大量的人力物力，还会耗费更多的时间与耐心。

3. 积极建立智能化财务运作模式

"智慧财务"的本质是帮助现代企业实现财务管理工作中的智能化运转。财务智能化运转不仅是指企业资金的自动运转，还包括对企业财务业务及风险的自动化管理。智能化财务模式的建立不仅可以进一步整合财务管理职能，还能精简传统财务业务流程，为企业创造更大的价值。在智能化财务运作模式中，财务管理不再是一项简单机械的操作，而是需要结合市场调研、售后服务等多个环节，与企业经营产生密切联系，并维系企业的整体运转。即便是不同的企业有着不同的具体情况，智能化财务也能因地制宜，为企业提供不同的解决方案，并积极建构适应企业财务情况的相关财务组织。

人工智能的出现驱动着传统财务管理模式变革，改变了企业财务管理运作模式，催化了企业商业模式创新。同时，这也是实现企业可持续发展的必然要求，以及实现综合国力提高的迫切需要。要构建好人工智能视阈下的"智慧财务"管理模式，需要合理应用人工智能技

术,还要做好智能技术的升级转型。在人工智能时代,"智慧财务"管理模式在变革财务运行管理机制方面起到了重大作用。通过人工智能技术打造出的"智慧财务"管理系统不仅能更高效地解决企业在财务管理过程中的棘手问题,还能大幅减少人工成本、增加经济效益。只有通过加强现代先进科技与传统财务管理理念的融合,加强对金融从业者的相关培训,才能实现现有财务管理机制与人工智能技术合二为一,从而达到"智慧财务"这一模式的更高阶段,使其发挥更大的作用。

第四节 财务智能化趋势下会计人才培养

以财务共享中心为代表的各类财务智能模式已经在我国企业中得到广泛运用。据中兴新云 SSC 数据库显示,截止到 2021 年初,我国境内的共享服务中心已经超过了 1000 家,其中华为、中兴、中建等企业均实现了财务智能化。我国政府也一直在持续关注并不断推动会计智能化的大力发展,2021 年 12 月财政部印发的《会计信息化发展规划(2021—2025 年)》指出,要深入推动单位业财融合和会计职能拓展,加快推进单位会计工作数字化转型,完善会计人员信息化能力框架,创新会计信息化人才培养方式,打造懂会计、懂业务、懂信息技术的复合型会计信息化人才队伍。然而,会计人才的培养却严重滞后于财务智能化的发展速度,不少院校因专业师资和基础设施配置不完善等原因,仍沿用原有培养方案,致使多数会计学专业学生毕业后难以适应社会需求,导致人力资本市场呈现会计人才供需错配局面,一定程度上阻碍了社会经济的数智化转型。

针对以上情况,学者们已经有了一定的研究。程瑶聚焦财务智能中的新兴技术"互联网+",探索"互联网+"环境中会计本科教育的顶层设计,她认为高校应当从建设网络基础设施、优化教育管理系统设计、改善会计学专业课程与教学三个层面出发完善会计本科教育的顶层设计。唐大鹏、王伯伦等侧重描写了数智时代会计教育的供给侧改革途径,提出了深入推进校企合作创新、加强师资队伍建设创新、推进学科交叉融合创新、重构会计课程体系创新、探索会计教学方式创新、加强智能教育平台创新等举措。而舒伟、曹健等则是基于"新时代高教四十条",对处于数字经济时代中本科会计教育改革提出了实施路径。

国内学者较多地从会计教育供给侧讨论了财务智能化环境下我国会计教育改革,提出了丰富与深刻的见解。较少有学者深入地从会计人才培养需求侧出发,探讨财务智能化背景下我国会计人才的角色定位,分析财务智能化环境下我国会计人才能力适配,进而探索我国会计人才培养的改革。因此本节将从财务智能化趋势入手,针对会计人员在工作中四种角色的内在需求,提出与之相适应的会计人员应具备的能力,进而提出会计人才能力重构的路径,以培养复合型多元化高端会计人才。

一、财务智能化趋势下我国会计人才的角色转型

当前市场经济活动中,会计人员扮演着举足轻重的角色,其职责包括客观公允地计量、记录、反映企业资金运动,为利益相关者做出决策提供有价值的信息。国内外相关研究报告如 IMA、ACCA 的研究表明,未来财会行业的黄金发展机遇已经凸显,这些黄金机会代表着新兴的职业机遇。同时,随着企业创新变革、新商业模式的不断演进以及技术的飞速进步,财会行业的职业道路也变得更加多样化,会计人员既可以据此进一步拓宽传统财会职业道路,也可以尝试跨领域开辟新职业道路,进而重新定义其职业生涯。因此,本节依据以上报告中关于未来会计人员在财务中扮演的角色描述,并且结合当前高校会计人才培养目标,将会计人员未来的角色定义为职业道德践行者、数智技术实践者、业财融合引领者、企业转型推动者。

(一)职业道德践行者

早期的獐子岛事件、康美药业以及近期的瑞幸咖啡财务舞弊案,都给国内资本市场带来沉重打击。财务舞弊案件的频发,暴露出我国企业诚信的失防、会计人员职业道德的缺失。尤其是在财务智能化趋势下,数据泄密更加容易,财务舞弊的手段也越发隐晦。

会计人员的职业特殊性使得其能够直接接触企业资金并进行财务处理,进而把控企业经济命脉。面对财务智能环境的全新挑战,会计人员更应坚持企业会计职业合规准则。例如,会计人员在处理数据时必须时刻坚守职业道德底线,充分考虑不同数据的获取来源、处理流程、报送机制等是否处于合规监管之下,是否存在违规处理数据的情况,针对数据处理各环节是否存在外借指令文件等。作为职业道德践行者,会计人员在未来学习中,还应深入分析资本市场中违背合规性的案例,挖掘深层次潜在的舞弊机制,并结合企业实际情况,防患于未然,进而对外界不断变化的环境时刻保持清晰认识与敏锐洞察力。

(二)数智技术实践者

伴随财务智能化趋势的进一步扩大,会计人员会面对越来越多的半结构化数据与非结构化数据。因此,在业务层面上会计人员扮演着数智技术实践者的角色,利用新兴技术和分析工具从海量数据中发现问题,助力企业完善业务流程并健全财务管理机制。同时,作为数智技术实践者,会计人员应积极支持企业不断积累各类数据集,将财务团队转变为企业的数据分析巨头,挖掘对企业有价值的信息,对不同的业务动态和场景进行财务建模,做出具有前瞻性的有效分析,以探索新的商业模式、新的入市渠道、进行新投资的商业论证,进而助力企业短期创造竞争优势和长期持久发展。

(三)业财融合引领者

在财务智能化趋势下,传统的会计核算逐渐向业务渗透。传统会计核算中会计人员处理公司业务多为事后核算,意味着相关业务完成后再由财务人员核算出财务数据如收入、成

本、利润等基本信息，最后将此类财务信息报送给利益相关者。而智能时代会计人员应担当业财融合引领者，不再拘泥于事后获取业务数据，不再局限于会计准则的要求，而是应将眼界扩展至产业链的上下游，放眼于竞争对手信息、行业发展趋势、市场政策导向等。会计人员还应通过智能软件操作第一时间追踪企业业务办理流程，实时监测企业上下游产业链的数据信息，主动融入业务经营中，做到全流程、全场景、全周期地把握业务，进而保证会计人员能够"用业务故事讲解财务报告"。

（四）企业转型推动者

企业转型推动者作为组织变革的架构设计师，需要推动企业未来发展战略制定、重大的改革方案、财务运营转型等。由于财务智能化带来的颠覆性变化，新运营模式、新产品与服务、新平台经济等越发能影响企业的发展与转型。基于此，会计人员应切实转变为企业值得信赖的"顾问"，对数字经济的敏锐力促使其能够全面了解企业外部的政策、经济、社会环境，并结合企业实际情况提供更为广泛的管理服务，为企业转型改革提供可行的建议与对策。

二、财务智能化趋势下我国会计人才的能力适配

当前，高校向社会输送的多数会计人才能力水平并不能达到数智时代企业的实际所需，由此出现了供需不匹配的情况。部分高校在会计人才培养中过分注重学生基础知识能力培养，而较少从企业实际需求出发去探索会计人才培养模式，进而导致目前的会计人才无法满足财务智能化趋势下会计职业要求。基于当下会计人才职业能力短板，以下将从复合专业实操能力、数智技术应用能力、综合素质拓展能力三个角度剖析财务智能化趋势下会计人员为满足未来角色定义应当具备的能力。

（一）复合专业实操能力的培养

多学科交叉运用能力。新兴的人工智能技术大体上已经可以替代会计人员从事的机械性、烦琐性账务操作，会计凭证、财务报表的一键录入与自动生产也已成为现实。这促使着会计人员进一步向高端会计人才发展，而高端会计人员应储备多类学科理论知识，如法学、经济学、管理学、计算机、外语等。多学科交叉背景知识有助于会计人员提升自身在企业中的价值，摆脱传统单一角色，多角度为企业做出战略性决策，促进企业财务战略变革。比如企业遇到在不同法律环境下的交易，多学科背景知识能够保证企业在交易过程中合理避开由于政策法规制度不同而带来的损失，保证企业跨国交易的可行性与合规性。

同时，会计人员也应注意到会计与财务专业技能是会计人员基础核心能力，是实务操作中应具有的基本能力。面对财务智能化趋势，扎实的财务会计实务水平是指导一切工作的前提。一切新兴技术能力的运用最终将会落脚于会计学专业知识，没有专业知识储备作为账务处理基础，再先进的技术也同样难以发挥其作用。因此，会计人员应当重视对专业知识的查漏补缺，深入学习财政部等政府部门出台的最新政策及其解释，掌握会计实务操作中的业务处理方法。

职业判断能力。当前处于信息大爆炸时代，智能化技术的运用需要会计人员具有更强的职业判断能力。例如，区块链技术在财务领域中的应用打破了过去的会计记账模式，从一个主体集中式记账模式到多个主体分布式记账模式，参与记账的各方通过同步协调机制保证了多个主体之间数据的一致性，规避了复杂的多方对账过程。但在这一过程中，由于不同方的入账均会显示在自己账簿上，因此，该过程就需要会计人员具有准确的职业判断能力，即判断该笔业务是否符合本企业会计处理规范。面对财务智能化趋势下的企业风险管理，会计人员要对数据应用建立批判性思维，不能一味地依赖财务智能化机器人的使用，而是应当以会计学专业思维为基础，从专业角度进行深度思考，对可能存在的风险点进行把控，合理运用职业判断，从而有效规避企业风险。

（二）数智技术应用能力的塑造

上海国家会计学院会计信息调查中心颁布的《2021年影响中国会计人员的十大信息技术评选报告》明确表明了当前信息技术对财会行业的冲击，财务云、电子发票、会计大数据技术与处理技术等已深深影响到会计工作，并对会计人员提出了新的要求。财务智能化时代，除了基本的知识技能与软实力，数智技术应用能力也已经成为会计人员作为数智技术实践者的必备能力，其并非简单地运用 Excel 等基础软件操作数据，而是指需要更多地运用 Stata、Spss、Eview 等前沿数据处理软件进行数据挖掘、筛选、宏微观分析及处理的能力。尤其是在数据清洗过程中，会计人员应通过熟练操作新兴数据分析工具，摆脱传统头脑风暴抉择模式，更多地通过数据助力企业进行决策与管理风险，通过数智技术应用结合具体业务场景与商业模式，提高财务部门核心效率，更精确地预测未来发展走向，进而为企业发展提供更具专业性的建议。

（三）综合素质拓展能力的提升

基本职业道德。良好的基本职业道德是从事会计工作的基础，也为会计人员的发展与成长指引方向。在财务智能化趋势下，会计人员更应将工作置于职业道德范围内，保证企业经济活动合法高效运行。ACCA报告《AI可持续发展中的职业道德：联通AI与ESG》提到，会计人员在运用人工智能技术时应当遵守其应用的监管要求，判断是否符合本企业智能技术道德规范。整体上来说，在瞬息万变、竞争激烈的市场中，会计人员应确保数据处理、风险管理符合商业伦理的规范，保持客观性与保密性。具体到企业账务处理各个环节中，每一位会计人员应以合规方式处理业务数据，公允地反映业务数据，保障利益相关者的基本权益。此外，职业道德作为会计行业底线，能够约束会计人员，提高其违法违规成本，以此降低个人腐败风险的发生，进而为会计人员的长期发展提供保障。

沟通协调能力。在财务智能化时代，会计人员的沟通能力贯穿整个会计流程，包括企业内外各方面间的沟通协调。在企业内部，一方面，会计人员需要与其他职能部门保持沟通。一个企业的财务中心不仅仅有"财务"部门，更多的是需要与企业经营直接相关的部门互相配合，例如采购部门、生产部门、销售部门等，财务中心的数据也同样来源于这些职能部门的经济活动。在智能财务环境下，会计人员利用良好的沟通能力能够与其他部门迅速建立信息对称机制，保证数据处理流程的一致性与连贯性。另一方面，会计人员还会与管理层进行沟通，这个层面上的信息传递更需要保障高效率与高质量。因此，现代会计人员拥有良好沟通协调能力是必不可少的。

在会计人员与企业外部的沟通中，更多的是需要与外部监管者沟通，例如税务局与会计师事务所。在财务智能化背景下，企业已能一步实现网上报税，体验一站式税务服务。在面对税务局的税务稽查时，良好的沟通能力能够使会计人员清晰明了地阐述企业现行的电子纳税机制、税务申报流程、减税适用政策等。此外，在与会计师事务所沟通时，拥有良好沟通能力的会计人员能够简明扼要地对公司产品服务特色、业务模式、业务流程、内部管理（结算体系）、采购管理等做出必要介绍，以方便审计单位对企业内部环境有更进一步的了解，有利于审计工作的全面开展。

创新领导力。随着智能财务的进一步发展，会计人员的创新领导力应不再局限于具体业务，而是应立足于财务部门，布局整个企业，放眼于与企业目标相一致的清晰数据视角。企业数智化转型过程中的财务转型并非孤立展开，会计人员需要根据外界环境变化对财务战略做出相应调整，并与其他职能部门统筹规划，以稳健高效的流程来评估企业绩效，调动财务部门与相关业务部门合作的积极性，进而推动整个企业的数智化转型。

三、财务智能化趋势下我国会计人才培养改革的对策

在智能财务不断取代传统会计的新趋势下，传统的会计人才培养体系在契合高速发展的财务智能化进程中，难以满足诸如上文所提到的复合专业实操能力、数智技术应用能力以及综合素质拓展能力要求。目前，我国会计人才培养从整个市场范围来看，包括中职、大专、高校本科、高校硕士研究生、社会培训以及会计人员在职后续教育等不同的培养对象及层次，其中中职与大专会计学生培养和高端财务智能发展联系不够紧密，培养目标更侧重于前沿理论研究的会计学术型硕士和会计学博士的培养，与企业运营实操需求差异较大，因此，以下拟重点研究会计人才高校教育中的会计本科与会计专硕教育、会计人员在职后续教育层面在财务智能化趋势下会计人才培养改革的对策，其中会计本科与会计专硕教育在总体培养目标、培养途径、教育资源等方面具备较多的相似性。

（一）会计高校教育

会计高校教育包括会计本科教育以及会计专业硕士教育。高校是连接学习与工作的最后一道桥梁，会计人才想要达到财务智能化趋势下企业需求的各项能力要求，就要经历高校的理论学习与专业实践。唯有通过高校成体系的教育培养，才能满足社会对智能财务背景下新型会计人才的需求。高校必须从内部资源优化、教学质量保障、学生素质拓展及外部多方助力四个方面进行改革，以培养适应市场需求的财务智能化会计人才。

1. 内部资源优化

（1）培养模式多元。过去传统会计教育重在关注会计学单一学科发展，而在多元化复合型人才培养目标下，高校应积极探索社会实际所需的会计人才多元化培养模式发展道路。在财务智能化趋势下，高校的培养模式应当做出革新，在传统单一会计学的基础上，进一步引入 ACCA 方向、CPA 方向、CIMA 方向、智能会计方向、"E+"会计双专业等培养模式，根据不同培养模式差异化培养复合型高端会计人才。例如，ACCA 方向学生通过学习相关课程，能够较深入地掌握国际会计准则内容，进而在会计准则国际趋同的环境下，赢得跨国企业的青睐；智能会计方向则侧重于将数据处理技术融入相关会计课程中，努力培养具有高水平数据筛选、处理能力的人才，为企业财务智能化决策提供支持。

（2）物质资源完善。财务智能化趋势下会计人才的培养更需要相应的物质资源完善，所谓物质资源，具体包括智慧教室、财务共享实训室等。首先，过去仅仅利用投影仪的多媒体教学已经难以让学生直接获得贴合企业实践的知识内容。为达到提升会计人才实操能力的需求，高校应当引进人工智能会计场景教学、混合学习、信息化技能学习以及人机交互学习的实验室，加大在智能设施上的投入力度，确保智能教学设施达到预期的教学要求。其次，在会计人才培养资本投入等方面，高校应与具有强大研发创新能力、技术资本雄厚的科研院所及企业进行深度合作，依托企业实际工作场所，聚焦财务智能新时代背景下的会计处理方法，以培养学生的会计职业判断能力及更进一步的创新领导力。

（3）师资团队强化。会计人才培养不仅仅需要学生自身付出努力，高校师资团队作为会计人才培养的具体实施者，其作用同样不容忽视。然而，目前我国会计教育的师资力量面临着中老年教师富有教学经验但缺乏前沿新兴数智技术知识、年轻教师富有前沿数智技术知识却缺乏教学经验的局面，导致师资力量难以满足目前会计人才培养的实际所需。因此，缺乏前沿数智技术知识的中老年教师需要了解新兴业务、及时转变观念。具体措施上，高校可轮岗派遣教师前往企业财务共享中心、财务信息化部门加强学习，确保教师能够在一定程度上掌握新时代财务智能化会计技能，后续再由教师自主选择以何种方式创新教学模式。针对缺乏教学经验的年轻教师而言，学院可以采取一定期限内的"师徒制"模式，如教学经验丰富的教师通过传授自身经验，加强年轻教师对课堂教学的整体把握，从而提升他们的课堂教学质量。

（4）课程体系改建。我国高校会计人才培养的核心专业课程体系长期处于相对稳定的状态，多数课程名称、课程内容甚至于授课教师多年来基本未出现较大变化。课程传授内容难以紧跟社会经济环境变化，这种"不变"看似稳固了教学质量，但相较于时代需求的不断发展，实质上是"不进则退"，使课程设置经常成为学生以及企业 HR 所诟病的对象，在根本上无法满足财务智能化趋势下会计行业的实际需求。

当前高校会计人才培养不能再完全沿袭过去的课程体系具体理论课程的开设，要避免培养大量能力平均、同质化严重的核算型会计人才。根据 ACCA 方向、CPA 方向、CIMA 方向、智能会计方向、"E+"会计双专业等各类培养模式,应有目的性地设计特定课程,满足不同学生发展方向的需求。此外,通识理论课程应当受到更多关注。在过去的会计人才培养体系中,课程设置往往强调专业技能重要性,而忽视了会计职业道德的必要性。很多高校的职业道德课程开课数量少,甚至不开设会计职业道德理论课,这明显有悖于社会发展的需求。因此,现代会计人才培养应当更加重视对会计职业道德教育。高校还需要认识到新趋势下会计人才培养中对学生的思想教育始终不可放松,使学生树立正确的价值观是教学的关键内容之一。高校需要将"思政课堂"进一步推广,使得思想政治类理论课程始终与专业课程并行发展、相辅相成。

(5)课堂教学创新。在满足基本教学条件后,高校同样应当围绕实施的教学内容,辅以高效的教学方法,为学生呈现高质量的课堂教学。在教学方式上,"互联网+"技术改变了教师的传统教学,高校教师应当脱离"填鸭式"教学,利用互联网,实现教学资源整合,让学生成为课堂教学的主角。在授课过程中,教师可以通过文字材料、案例、视频等富媒体资源,采用分析讨论等更直观的教学方式,提升学生主动参与学习的积极性。通过自主参与的模式更高效地提升学生自身综合素质能力,培养学生正确的价值观以及会计职业判断能力。同时,相互合作讨论乃至辩论可进一步强化学生的沟通协调能力。例如,高校教师在课堂中引入云课堂、优学院、慕课等新模式,提升学生数字化与网络化思维。在此基础上,线上教学不仅可以更好地剖析传统黑板教学难以深入研究的经典案例,而且能更为便捷地提供前沿智能财务知识。线上教学主要是对交互式教学方式的具体落实,提高学生对课上所学内容的综合运用能力、表达能力与交流沟通能力。同时,教师应利用互联网提升课堂教学的趣味性,例如结合当前财会领域热点议题,让学生通过小组形式利用数据化信息检索手段,搜集相关的案例或交叉学科信息,并最终通过学生讲解的形式达到教育的目的,在保障教学质量的同时还能增强学生对会计相关领域的兴趣,让枯燥的会计理论学习不再拘泥于文字,使课堂教学因创新的教学方法而更生动活泼。

2. 教学质量保障

(1)学生学习考评。在对学生的考核评价上,高校需制定覆盖日常教学过程中各个关键环节的质量标准和规范,具体包括线下和线上课堂规范、实习实践报告规范以及毕业论文(设计)规范等。在日常考核中,高校可以在现有普遍的"平时成绩+考试成绩"模式上更加细分,从"线上+线下"双层级对学生表现进行测评考核,并且通过各类统计软件以及计算机技术进一步合理规范管理日常教学中的各类考核环节;同时,可以根据专业培养的不同方向和课程中的不同侧重点设计多样化的评价指标,拓展构建多维度评价模式,并合理分配参考权重,使得学生成绩考评结果更加全面、综合以及合理。

(2)教师教学监督。高校应当建立相对应的教学督导委员会、组织机构以及相关各类岗位,确保能够形成流程完善、职责清晰的质量保障组织体系,定期对教师的教学方法、教学内容进行监督。尤其是在立德树人理念下,旨在回答培养什么样的人才、如何培养人才等,高校还应加强对教师专业道德素养考评。在会计教育中，高校应当将专业课程思政纳入考评体系，建立具有中国特色的会计教师考评机制，衡量教师是否在专业课堂上结合了中国特色社会主义基本思想，引导教师在课程中重视对学生价值观、世界观、人生观的培养。

3. 学生素质拓展

（1）"高四商"的培养。在财务智能化趋势下培养高素质的会计人才要着眼于学生"高四商"的素质拓展培养。"高四商"即为高智商、高情商、高数商、高德商。此处的高智商并不是指受先天条件所限的智力水平，而是指会计人才在面对繁杂的账务处理业务中的高水平职业判断能力。同样的，情商也不是广义上个人层面的人际交往能力，更多的是侧重于会计人才对于部门内外甚至企业内外的沟通协调能力。此外，高校还应当注重对会计学生高数商与高德商的培养。高数商即为对数智技术的灵活运用，在财务智能化趋势下，会计专业学生走上工作岗位后会面临多种类型的数据，面对各类财务数据与非财务数据间的勾稽关系，高数商能够帮助其迅速透过数据看清业务本质。因此，在会计人才培养中，高校应打通数智与财务隔阂，积极探索智能财务系列课程教学。高德商则是应具备良好的会计职业道德，从传统会计人才教育到财务智能化高素质人才培养，倡导学生坚守会计职业道德，使学生明白这一坚守从未改变甚至变得更为重要。高德商的培养应当将职业道德融入高校教师日常教学中，通过正面引导教学或案例教学，规范会计学生未来的职业行为。

（2）专业文化建设。会计专业学生素质培养还可以通过会计专业文化建设来实现。会计专业文化建设旨在在内部营造良好专业氛围，可以通过打造"第二课堂"提升学生对会计专业的认可度。第二课堂是从学生的自身需求角度出发，加强课外管理育人、服务育人，推动自主学习、合作学习，注重专业引领和榜样示范，以形成浓厚的"比学赶帮超"会计专业文化。具体而言，第二课堂的形式包括：一是全程导师制，贴合实际情况引导学生职业发展；二是开设财经大咖沙龙，通过成功人士亲身经历引领学生职业发展路径；三是建立专业公众号，定期推送优秀榜样点燃学生内动力等。第二课堂可通过社会科学中诸如法学、社会学、经济学乃至传播学等不同于管理学却又与会计这一管理类学科息息相关的其他学科入手，拓展学生视角，提升学生多学科交叉运用的能力。此外，高校更要注重不同年级阶段学生的不同需求，做到课程开设有目的性、时间选择灵活性，切不可忽视学生兴趣，以任务化、格式化的教学内容强加于学生，避免灌输式教育的情况发生，要使其真正成为有价值且更有活力的教学课堂。

4. 外部多方助力

（1）专业标准制定。国家教育部门需要切实为会计人才培养的重构提供政策辅助，及时修订和完善《工商管理类教学质量国家标准（会计学专业）》（简称《标准》），为高校的会计人才培养起引导作用。2018年，教育部发布的《标准》对高校会计人才培养提出了基本要求，成为目前会计学本科专业设置、指导专业建设以及评价专业教学质量的基本依据。然而，在这一版的《标准》中并没有充分反映智能财务时代下的会计人才培养。新形态、新时代的专业准则应当立足于会计行业的未来，特别是要根据数字经济时代对会计人员能力的要求，基于人才的全面发展，坚持立德树人原则来修订和完善。因此，建议教育部门在修订和完善《标准》时要以培养综合素质为基础，从而满足数字经济时代社会和企业对会计人员能力上的新需求。

（2）教育理论创新。学术界需要提升高校会计教育理论研究的广度与深度。进一步从国外优秀高校会计人才培养模式中汲取经验，并结合我国实际国情，创建具有中国特色、适应我国社会发展的会计人才培养体系。我国作为一个尚处于发展中的大国，在会计教育的理论研究上起步较晚，在发展过程中遇到的问题不仅带有历史发展的特征，还具有自身的独特性。因此，学习和借鉴其他国家和地区的会计人才培养经验，是我国创造性地解决目前会计人才供需错配问题的重要手段之一。

（3）"政产学研"协同。高校应当积极实践"政产学研"协同。2019年2月由中共中央、国务院印发的《中国教育现代化2035》提出了推进教育现代化的八大基本理念，包括更加注重融合发展、更加注重共建共享等，并要求各地区各部门结合实际，认真贯彻落实。其中，"政产学研"的协同发展对现今高校的教学资源配置发挥着举足轻重的作用，具体而言，政府应在产学研三方中发挥纽带作用。一方面，对财务智能化趋势下会计人才标准进行重塑。另一方面，通过政策法规上的支持，为高校、企业乃至科研院所提供可交流的信息资源和经济支持：高校可以通过"产教融合、校企合作"这一途径，积极与企业合作产学研究项目，共建实践基地；科研院所可进一步强化与高校的合作，共研领先技术、共建学科专业，真正做到将研究成果转换为实践应用。

（二）会计在职教育

会计人员在职继续教育是强化企业会计存量人才、保证新环境企业经济活动高效运行的关键环节。2018年，财政部、人力资源社会保障部印发了《会计专业技术人员继续教育规定》，提出要培养懂经济业务、懂智能数字技术的高水平会计人才。社会中的会计人员往往难以通过脱产的方式完成在校教育，因此相关后续教育机构应当根据会计人员面临的具体环境加强继续教育培训，并通过线上线下不定期开展相关理论后续培训、新兴技术教学、实践经验交流，来实现从业会计人员的后续教育，避免会计与智能财务时代脱节。

1. 相关理论后续培训

（1）交互教材编写。在相关理论后续培训中，会计在职教育应当重视对于教材内容的选择，应区别于在校学生教材。理论教材编写应在已有的基础会计理论教材基础上，结合财务智能化发展趋势下会计行业的变化，将人工智能、"互联网+"、大数据相关理论结合会计、审计、财务管理，新编案例型交互式教材。交互式教材不仅要继续强化对会计与财务专业基础技能的学习，更要引入财务智能时代背景下符合现代企业发展实际需求的相关数字化理论，以此进一步充实、完善会计人才在职继续教育课程教材体系。

（2）政策文件解读。《会计法》以及会计准则、会计通则等一直作为会计人员实操指导性文件，在财务智能化背景下，财政部门也会相应做出新解释。据此，会计管理部门应及时应对外界经济环境变化,下达相关政策最新解读文件,并组织各级会计人员集中学习指导性文件,保证企业基本财务处理程序符合最新要求。此外,随着我国会计准则与国际会计准则逐渐趋同,后续理论培训中可通过加强会计人员对国际会计准则的学习,帮助会计人员进一步了解国际国内准则的异同,为建立企业良好的会计环境奠定基础。

2. 新兴技术教学

(1)数据处理技术。相比于在校学生,已经在工作岗位上的会计人员对数据处理技术的需求更为迫切。仅仅在会计信息系统水平上的相关会计技术已经无法满足社会环境对会计人员的要求。因此,后续教育还应当重视除会计基本技能外如对数据处理技术的传授,可以通过邀请相关大中型企业、会计师事务所资深财务专家定期举办会计人员数智技术培训,从而提高会计人员数据筛选、数据处理能力。

(2)"数财"融合技术。除了对数据基本处理技术的学习,会计人员后续培训还应当重视对数智技术在财务领域中的运用进行教学。例如,对财务共享中心的建立、云会计的实施、区块链会计的运用等多种实际操作进行培训。随着智能技术在各类企事业单位的普及,在会计人员后续培训中,如果单独培养数智技术运用而脱离财务数智化技术的融合,会导致会计人员无法有效地将二者统一起来,仅仅学会了两类单一技术,从而在实际上无法满足企业的需求。

3. 实务经验交流

(1)管理部门推动。会计管理部门应当注重会计人员的经验提升,可以通过举办各类财务决策、账务案例分析等比赛,鼓励各级会计人员踊跃参加,进而达到丰富会计人员知识、提升会计人员技能的目的;还可以借助CPA会员、ACCA会员的后续教育管理,聘请业界大咖,举办财经论坛,或是定期发布相关案例报告,提高会计人才队伍水平。

(2)标杆企业交流。面对当前财务智能化趋势,不同层次、不同规模企业的财务部门对于外界环境的反应速度存在差异。例如,华为等大型企业很早之前就实现了业财融合与财务共享。因此,在会计人员的后续教育中,发展较缓慢的企业应当与标杆企业建立会计人员互帮机制,调配自身会计人员前往标杆企业财务部门吸取先进的财务工作经验,学习标杆企业在面对智能环境时做出了哪些调整,并结合行业特征对自身财务部门进行战略性改革,促使财务部门的转型发展适配外界环境的需求。

科学技术是"第一会计环境因素",信息科技的迅猛发展催生了以新产业、新业态、新商业模式为代表的新兴经济体。新的要素市场结构对会计人才供给产生了重大变化,使得会计人才培养改革迫在眉睫。高校作为会计人才培养的主阵地,在制定培养目标和具体培养措施时,应站在财务智能化时代发展的高度,顺应时代潮流,将培养重点放在探索并建立复合型高端会计人才模式上,将数智技术应用融入高校、教师、学生三维结构中,并根据财务智能化时代社会对于会计人才知识储备和能力结构的需求状况,积极探索"大数据+会计""智能会计与财务管理""IT+审计"等新兴会计人才培养方向,做到"政产学研"协同,进而实现会计人才供需更精准的匹配。

第五章 互联网、物联网、区块链技术在财务领域的运用

第一节 互联网下财务会计智能化管理

21世纪的今天，计算机技术、网络技术在经济社会、企业生产、人民生活过程中发挥着越来越重要的作用，互联网、"互联网+"等深入应用，在财务管理方面实现实时通讯、实时票据验证、实时财务统计汇总，以及应用专家系统的咨询和判断，都成为现实，或即将进入应用可能。

财务会计作为企业的重要组成部分，必将以强大的互联网技术为依托，借助"互联网+"思维，创新生产方式、组织结构和服务模式，在创新、变革和融合中不断发展壮大。

自1979年我国首次试点会计电算化算起，会计行业是最早利用信息技术的传统行业之一。会计行业将信息技术、通信技术、密码技术等应用于会计管理工作中，特别是在大数据挖掘技术的快速进步中，在提高企业管理水平和财务决策速度、增加收入预测、有效降低成本、提高企业市场响应能力等方面取得了突破性进展。未来，随着互联网技术在财务会计方面的广泛运用，将为财务会计工作带来诸多变化。研究探讨财务会计的智能化发展，将对企业财务管理提供借鉴。

一、财务宏观管理网络化

财务会计的本质是对各种财务会计信息进行的加工整理，使之成为对管理有用的信息，最终通过报表体现信息的价值。传统的财务会计信息来源非常分散，信息杂乱无序，需要大量的人工进行初级处理。进入"互联网+"时代，大量的财务会计信息可以通过网络获得。国家税务总局在2015年发布《关于开展增值税发票系统升级版电子发票试运行工作有关问题的通知》后，4个地区（北京市、上海市、浙江省、深圳市）于2015年8月1日起使用增值税发票系统升级版——电子发票；自试运行以来，电子发票已经逐渐获得应用，并获得企业和个人的认可。未来通过财务系统与电子发票系统对接，直接获得发票已经成为可能。电子发票所承载的信息无须通过人工或通过扫描等方式间接读取，而是直接读入到财务系统。此外，通过网络订购的飞机票、火车票的数据，酒店住宿数据等通过网络获取也不存在技

障碍。生产领域各种生产数据、销售领域的数据都可以通过互联网直接实时传输到财务系统,大大提高了获取财务信息的效率。

二、财务软件从电子化迈向智能化

随着计算机应用的普及,互联网和信息技术的融合迅速发展,为财务软件的迭代和升级提供了有力的技术支持。财务软件通过互联网获取信息能力不断提高和完善,规范、有序、实时、精准的财务信息为财务软件智能化处理财务信息提供了保证。通过利用大数据技术、区块链技术等对财务软件的不断创新和完善,财务系统能从繁杂、模糊、无序的财务数据与非财务数据中自动搜索和提取有用信息,并对数据进行转换,从数据中提取有用信息,进行分析、处理乃至可定向地为信息使用者提供其所需的财务信息。随着自动获取信息、自动识别信息、自动处理信息的能力不断增强,财务软件必然逐渐走向智能化。

随着"互联网+"、物联网、工业互联网时代的技术进步,与云计算、大数据、区块链等高科技的融合,财务会计工作必须顺应时代发展,应用网络化和信息化技术,满足企业从物流采购、生产制造到决策支持全链条对财务数据的快速需求。

"互联网+"、物联网、工业互联网和在线支付等融合,打破了财务数据和信息的时间与空间界限,使财务信息中的资金流、汇总报表等呈现高度开放化、即时性。通过建立财务信息共享服务与管理平台,实现了财务数据信息资源的及时控制和管理。

随着APP、移动支付的技术发展,移动终端计算机化的时代已经到来,财务信息使用者、监督者、管理者等利用移动终端可以随时采集与其决策相关的有关企业过去、现在、未来的所有信息。

三、财务纸制报告格式的改变

在传统财务会计中:一是财务报表是财务报告的统计和分析核心;二是所带有的附表、附注等,提供了报表以外货币性信息和非货币性信息,二者与财务报表互为补充、互为支撑。

移动时代、网络时代的财务会计,财务数据和信息的收集、加工、存储、处理、展示都可以实时完成,迅捷、双向交流、精确地把握资金问题,使得财务数据和信息的及时性、有效性得到提高。当前报表监督者、管理者、决策者等可以根据企业业务发展需求,以财务会计的原始数据为基础,推进财务信息化与移动互联网的融合,进行再加工、再深度展现以获取更有利于决策的信息。

网络时代已经改变了人们的生活方式,也改变了企业的财务运行方式,但是资金流是经济活动的重要组成部分。建立知识经济的财务预算和决算体系,展现财务报告的人力成本、创新要素、成本核算、环境保护等信息紧迫性高涨,以附表、附注形式披露的信息不再是会计报表的补充,以前并不重要的信息或受成本效益原则约束无法披露的信息,都在这个新时期需要充分、及时、准确地展示处理。所以传统财务会计报告的结构和内容已经做出重大改变,在移动计算机时代,企业需要财务管理的新变革;网络实时通信和连接的财务会计管理中,实现财务数据和信息的即时报告和定期报告,按需分配,给不同需求者不同的报表,实现随时在移动终端上查阅有关信息,并获取财务分析的资料,提高决策的及时性、有效性和正确性。

四、财务票据验证和获取新应用

"互联网+"财务管理实质上就是运用大数据挖掘、风险分析软件、信息平台、专家支撑系统等,按照"即时统计与展现"思维方式实施互联网+预算管理、互联网+资源配置、互联网+绩效考核、互联网+财务分析等来实现企业财务核心价值管理,引领企业整体价值不断提升,助力企业转型再上新台阶。

"互联网+"财务转型的目标,主要包括:一是要建立财务管理目标,梳理财务管理机制,建设创新体制,以满足企业未来整体业务发展为目标;二是建设财务预算、资源配置、考核决算三位一体的管理架构,建立以企业业务链条为轴心的财务管理链条;三是要加大财务管理业务与业务管理的融合,让财务信息参与经营,引领企业整体价值提升;四是要做好风险防范,发现潜在财务会计风险,确保企业可持续健康发展。

完善互联网化财务管理机制,建立适应整体业务发展的预算、资源配置、考核体系;完善互联网化财务管理机制,当前就是要构建差异化的全面价值管理体系,以互联网化指标评估企业价值。

五、财务信息开放是未来财务管理的必然途径

传统财务信息获取途径是分散的,以票据、表格等形式存在,通过专业人员识别、计算等加工,形成可用的财务信息。在互联网普遍应用的今天,以及财务系统智能化的发展,绝大部分财务信息存在于互联网上,可以通过互联网获取相关的财务信息。但是,部门单位对财务信息的独占,阻碍了各种财务信息通过互联网的取得。

近年来电子票据的应用为财务信息电子化提供了有效途径,但也只是实现了本部门的电子信息化,无法实现电子信息的社会化。只有有关部门向社会开放有关数据资源,使信息使用者直接通过互联网获取相关的数据。如电子发票实现了使用者方便获取结算凭证,但还没有实现直接通过互联网获取需要处理的发票信息,只有税务部门开放电子发票系统的数据接口,让通过税务登记认证合格的使用者,用财务系统直接从电子发票系统获得电子发票的相关数据信息,才能实现对电子发票进行智能化的账务处理。又如增值税专用发票抵扣,需要企业花费大量人工从事认证工作,如果税务部门开发数据,使企业通过税务部门的数据库直接获得专用发票信息,在通过区块链等技术保证发票唯一性的前提下,则可省去发票验证的环节,节约大量管理成本。因此,有关部门对社会单位开放数据资源将极大推动财务管理向智能化发展的步伐。

创新体制机制成为"互联网+会计"的重要驱动力。手工记账的阶段被会计界称为"会计1.0时代",而计算机的广泛应用则是"会计2.0时代"的典型特征。目前,伴随着网络时代的到来,会计信息化经过2.0时代的发展已进入协同交互的3.0时代。在这一时代,财务数据的收集、加工、处理都变得迅速、快捷。

第二节 物联网促进会计档案的管理提升

随着信息化时代的迅速发展,基于互联网新型业态、新型模式的兴起,无论是企业共享财务模式对会计档案管理提出内在需求,还是企事业机关单位紧跟时代步伐需要,电子发票的应用已经普及,电子档案已经渗透在财务日常档案管理中。信息时代的浪潮催生"互联网+"、移动互联网、云储存、区块链等新兴技术,这些技术已经应用在电子凭证中形成会计档案,做好电子会计档案管理是企业的管理需求,更是时代的发展趋势。

一、电子会计档案与纸质会计档案的优劣势比较

1. 电子会计档案的优势

(1)减少纸张使用。党的十八届五中全会提出贯彻创新、协调、绿色、开放、共享的新发展理念,坚持绿色发展之路,坚持节约资源、坚持保护环境、坚持可持续发展,坚定生态良好文明发展道路,加快建设资源节约型、环境友好型社会,为全球生态安全做贡献。从大体上来说,使用电子会计档案,减少纸张打印,减少油墨使用,减少由打印带来的纸张、耗材、能源的消耗,直观地体现绿色环保理念。

(2)减少管理成本。一是节约档案库房成本,减少管理成本。会计档案的保管期限有10年、30年和永久。《民法典》第一百八十八条规定,诉讼时效期间自权利人知道或应当知道权利受到损害以及义务人之日起计算,超过20年的,人民法院不予保护,特殊情况可以申请延长。与房屋相关的发票档案保管期限可能超过30年。与人的寿命相关的会计档案保管期限可能在人的生命周期内都能用到,这个保存期限可能不止30年,如特殊工种退休、奶粉添加剂事件会计档案等。面对如此之多有经济价值的会计档案资料,都需要档案库房存放保管,再算上货架或档案柜、过道、库房设备等必要空间,换成租金或折旧成本,一个企业用于档案管理的成本确实不少。相对于电子会计档案,用数字形式储存,除了计算机等设备载体需要占用办公面积,电子会计档案几乎不占物理空间,能节约档案库房成本,减少管理成本。

二是节约人力成本,提升工作效率。管理档案库房、装订整理纸质会计凭证需要人力,这些工作基本是大量重复低价值的人力劳动,不只耗费经济成本,也耗费时间成本。电子会计能实现自动归档,从整个业务链条来看,电子会计能实现数据采集、自动整理、智能编制凭

证报表等一系列标准化、自动化流程，避免人为疏漏，节约人力成本，提升工作效率。

三是节约打印成本，提升经济价值。电子发票无印制成本，无须邮寄，从全国量级来看，仅纸质发票换成电子发票已经产生巨大的经济价值。对比其他纸质会计档案与电子会计档案，纸质会计档案需要耗费纸张、油墨、耗材、设备折旧，还需要整理、装订，可能还有调档邮寄、移库运输，需要库房、人力等综合成本。对比电子会计档案几乎无印制、运输、库房等成本，能明显降低企业成本，提升经济价值。

2. 电子会计档案与纸质会计档案的保管比较

（1）储存介质比较。电子会计档案的电子格式形式比较多，涵盖 DBF、TXT、ACCESS、JPG、PDF、EXCEL 等，数据库代表包括 Oracle、SQLServer，归档元数据基于 xml 为主，这些电子数据可用电子计算机、光盘、硬盘、云储存（实际也是储存在服务器计算机上）甚至区块链作为储存载体。纸质会计档案的储存载体只有纸张。

（2）保护技术比较。基于电子会计档案数据格式多元化、储存载体多元化，应从数据可读性与储存安全性进行考虑。从可读取性方面考虑，由于技术更新迭代迅速，应避免老旧的数据格式因无法读取使得数据名存实亡，有些磁性介质应避免磁性消失造成的数据丢失。从安全性方面考虑，电子数据需要谨防被黑客攻击，需要防篡改，需要备份防灭失等安全措施。纸质会计档案需要控制档案存放环境温湿度，防潮、防火、防盗。无论电子会计档案还是纸质会计档案，都需要防意外、防自然灾害，相较于纸质会计档案，电子会计档案需要更高技术保护措施，需要一定的运维成本，建立起备份机制，更能有效防止数据丢失。

（3）数据查阅共享比较。在查阅便利性方面，电子会计档案可以利用强大的检索能力进行快速检索，并实现权限内的资料查阅，能快速实现数据共享，可以远程查阅数据，可以从移动端、PC 端等不同的设备端口查阅数据，可以利用计算机的强大分析能力进行大数据分析，在数据利用率上大大优于纸质会计档案。而纸质会计档案由于物理空间制约，存放于库房中不利于共享，在数据查阅方面也受到很大限制。相较于纸质会计档案，电子会计档案能实现财务共享，更能提供深挖数据价值的便利。

二、电子会计档案管理的关键环节

《会计档案管理办法》第七条明确了可用计算机、网络通信等信息技术设备作为会计档案的管理手段。第八条、第九条明确了仅用电子形式保存的会计档案的管理要求。一是电子资料来源真实有效，由电子设备形成和传输；二是电子资料能接收和读取，电子凭证设定了经办、审核、审批等签批程序，符合会计凭证、账簿、报表等格式要求；三是电子档案与相关联的纸质档案建立的检索关系；四是电子档案有效防篡改，有备份；五是需要永久保存的档案或有重要保存价值的档案不能仅用电子档案形式保存；六是外部接收的电子档案有符合《中华人民共和国电子签名法》签名的，可仅以电子档案形式保存。

1. 电子发票的管理要求

电子发票符合电子会计档案的管理范畴,可仅以电子形式保存。电子发票应来源真实有效,扫描件不是源文件,而是源文件的扫描电子副本;打印出来的电子发票也不是源文件,而是电子文件的纸质副本。电子发票应由计算机等电子设备生成和传输形成,在管理时应保存电子源文件。在实际应用中应建立电子发票数据库,以便数据真实性查阅、重复性检索等。

2. 电子凭证与非电子凭证的关联

有的文件直接由电子生成和传输,如电子发票、电子银行回单、电子签批文件等,可直接作为会计电子凭证存档,与电子会计凭证直接建立关联关系。有的文件必须是纸质档案,如纸质发票、差旅路桥费等,此时有的企业为了实现数据电子化便于管理与共享,纸质发票等文件也采用扫描形式实现电子化,但此时的扫描件并非源文件,而是纸质文件的电子副本,应保留纸质源文件。在实际应用中应建立电子会计凭证与非电子凭证的唯一检索关联关系,同一凭证号可以同时存在电子会计档案与非电子会计档案,只要建立唯一对应编号,建立检索关联关系即可。

3. 会计凭证、会计账簿、会计报表的保管

电子发票、银行单子回单由内部管理系统形成,经过内控审批的文件,如采购入库单、产品出库单、固定资产卡片、折旧分配表、固定资产减少单据,以及红头文件等内部文件,可以全部电子化。以上基本构成会计电子原始凭证。由财务核算系统形成的电子会计凭证可以全部电子化;由财务核算系统生成的会计账簿,可以全部电子化;由财务核算系统生成的会计报表,包括科目余额表、各种项目辅助科目余额表、明细账、月报、季报、半年报、年报,注意此处年报属于永久性保存的会计资料,根据《会计档案管理办法》第八条第六款,电子会计资料不属于具有永久保存价值或其他重要保存价值的会计档案,因此会计年报不能只保存电子形式,其余报表均可全部电子化。

4. 电子会计档案的归档流程

全部电子化的数据资料可以以不同的数据格式存放于数据库中,而凭证显示最好以版式文件显示。用唯一编号来控制对应的会计记账凭证与纸质原始凭证的检索关联关系。在对电子会计档案进行归档时,应进行待归档数据检查、归档数据提交、完整性真实性检查、分类整理、给定保管期限、卷宗组盒整理、赋权、移交保管、定期鉴定、销毁等全生命周期档案管理流程。电子会计资料归档标志:一是控制权移交档案部门或档案人员;二是存档格式符合要求;三是元数据符合要求;四是离开原系统。

5. 切换电子会计档案的时点

在实际工作中,可以同时保留纸质会计档案管理与电子会计档案管理这种双轨试运行阶段,试运行一段时间后再正式切换成电子会计档案管理。为了便于管理,应从一个完整的会计年度的年初开始执行电子会计档案切换,即从1月1日起启用电子会计档案管理。

（三）电子会计档案管理存在的问题

1. 企业信息化基础薄弱

很多企业对会计档案的重视程度不够，没有注意到历史资料的信息价值，受制于传统观念思想指导，往往只注重能立刻带来收入的业务，对信息化管理与支持力度不足。实现信息化、智能化需要与各业务模块对接，甚至需要与外部银行、供应商、主要客户链接，需要高技术的软、硬件支持，需要对这些软、硬件进行更新维护。这些都需要企业有足够的资金投入，一些小型企业无法在短期内实现高度信息化，从而无法使电子会计档案管理达到理想效果。

2. 采集源多元化，无保留源文件

对于不同的数据从不同的系统采集，数据源格式多元化，生成版式文件后保存在电子会计档案中，无保留源文件；对于由扫描或拍照采集的数据源，可能分辨率不高造成数据模糊，同时无保留原有数据资料，这些无保留源文件均不符合电子会计档案管理要求。

3. 需要技术保障

首先，要对数据进行防伪验证、重复验证。电子发票极易被篡改，存在重复报销风险，需要有效的技术保障措施识别发票真伪，查验发票重复。其次，从不同系统提取的数据要会读，要转变成有用的财务信息、会计语言。对于从扫描图像中提取的数据，要进行技术识别；基于从不同的系统提取的数据，更需要开发人员进行技术沟通与对接。再次，需要防止黑客攻击、防止数据被篡改，保证数据安全性。建立远程备份机制以及系统和数据安全保障，显得尤为重要。最后，保障电子数据能长期保管。前文已述，电子会计档案归档其中包括存档格式符合要求，元数据符合要求，要脱离原系统，这就需要技术支持，保障数据的长期存续性与长期可读性。

4. 缺乏复合专业人才

会计电子档案管理需要财务专业与信息技术专业的复合型人才。中国的专业设置现状是这两个学科是独立的学科，这两种专业技术是割裂的技术，在中国很难找到既有财务专业知识背景又有计算机信息技术的高端复合型人才。在企业从事会计档案管理的人员往往由财务人员兼任，由于计算机知识匮乏难以开展系统运维档案管理工作；而计算机专业的人员往往缺乏财务知识而难以开展数据的提取和管理使用的工作。

5. 制度陈旧、权限设置不清

很多企业在面临纸质会计档案向电子会计档案过渡的当下，电子发票都已经普及好多年，仍使用纯纸质时代的管理制度，导致无法适应当下快速发展的信息时代催生的电子会计档案管理要求，无法指导现实工作。

（四）完善电子会计档案管理的对策

1. 支持多种数据端、多种数据源采集，及时分类

支持从移动通信端、PC端、各种程序终端采集数据，例如从条形码、二维码、App、小程序中获取数据；利用移动手机拍照功能、扫描器扫描功能，实现图像数据采集，实现实时报

账信息采集。人工采集的数据,需要及时分类归档,以免造成大量数据堆积而需要耗费更多的时间整理,降低信息价值,而系统自动采集的数据基于技术运用能及时分类归档。

2. 鼓励研发,开发适合企业自身的会计档案管理系统

各类企业的业务类型千差万别,各个企业的管理模式也不尽相同,鼓励企业研发适合自身企业管理需要、实现业务财务融合、财务中心信息共享、业务流程标准、赋权明确清晰的集数据采集、分析、处理、归档、再利用一体化的会计档案管理系统。

3. 加强培养人才

在智能电子会计档案系统的使用管理中,需要既懂财务专业知识,也了解计算机信息技术的复合型专业人才,可以通过培养财务人员学习相关计算机技术来实现基础管理工作。在系统研发方面,更需要既懂财务又懂计算机的高端人才,加强人才培养,顺应时代要求。

电子会计档案能降低管理成本,提升经济价值,挖掘数据潜能,使作业流程标准化、体系化,支持共享。在大数据、云计算的智能科技发展时代,电子会计档案能真正实现业财融合,在业务系统自动采集成档数据,将数据采集由事后转变成事前、事中,更能及时发现问题,及时解决问题。未来,不只从企业内部各流转链条业务端采集数据,可能还建立企业外部上下游业务链条的连接,甚至跨行业的业务连接。未来,差旅费的报销将变得更简单,飞机票、火车票等交通工具票据自动推送,餐费住宿费也自动采集。未来,随着物联网的不断发展,数据造假变得更难,会计资料真实性更能得以保障,声音、图像、影视都可能作为有经济价值的数据,作为电子会计档案来保管,这些都是纸质载体无法实现的。

第三节 区块链技术在财务领域的运用

区块链技术是技术高速发展的产物,运用区块链技术进行创新,是提高工作效率的重要方式,带动我国整体经济发展。区块链技术具有中心化及公开透明等多种特征,应用范围较为广泛。传统财务管理工作中,信息失真问题突出,交易成本相对较高,财务管理弊端逐渐突显,不符合现代化公司发展需要。在开展财务管理工作中,充分应用区块链技术,发挥其独特性优势,不仅能够改善传统财务管理中存在的问题,还能够确保各项信息的准确性。虽然多个公司在开展财务管理工作中,均强化对区块链技术的应用,但受多种因素影响,应用效果不良,财务表达数据易出现错误,基于这一问题,在区块链技术应用中,需要构建完整服务框架模型、完善密钥签名技术等,将区块链技术与财务管理充分融合,实现财务支出的高效管理。

一、区块链技术概述

（一）区块链概念

区块链是信息技术领域中的专业术语，从本质角度概述，区块链术语为共享数据库，主要是用来存储相关数据信息，自身具有公开透明及全程留痕等特征。区块链的工作原理相对特殊，主要是由一串按照密码学方法产生的区块所组成的，对每一区块中的数据信息均需要自动加盖时间，并从创始区块逐步链接到当前区域，继而形成完善的区块链。同时区块链还具有不可逆特征，在财务管理领域中具有较高应用价值，是提高财务管理质量的重要路径。

（二）区块链核心技术

在区块链中，其核心技术主要可从三方面概述。首先为时间戳机制。在区块链下，任意一个节点为获得相应记账权限，在区块连接过程中，需要通过加盖时间戳方式，记录当前区块数据录入时间，并逐步形成时间递增链条，确保各项数据的追溯性。其次为共识机制。在中心化集权管理过程中，极易达成共识，而在结构相对分散的情况下，则无法形成统一结论。共识机制在应用过程中，不仅能够去中心化，还能够使交易流程形成共识，逐步优化交易费用及信任成本。最后为智慧合约。智慧合约的本质则是涉及资产与交易编码，将区块链作为载体，才能够充分发挥智慧合约价值。智慧合约可内置于任何区块链交易中，还可内置在无形资产方面，形成软件定义系统。

二、区块链技术在财务管理中的运用现状

（一）项目安全风险较大

在开展财务管理工作时，主要利用信息化技术，实现对各项数据信息的整合，对其节点运算功能提出了更高要求。在财务数据分析中，若存在部分数据展示不够全面，则会导致部分数据被遗漏或者数据失真等问题，严重情况下，还会导致核心数据错误，机密数据泄露，财务管理工作质量低下。其次针对财务数据，若不具备良好的自主控制能力，还会导致项目实施成本及收益难以达到预期，制约整个项目顺利开展。

（二）财务表单数据易发生错误

将区块链技术应用在财务管理工作中，充分应用区块链技术，强化技术支持，发挥技术优势，有利于统计主体项目相关时间信息，在一定程度上能够改善数据被修改等问题，确保项目稳定开展。但在实际工作中，区块链技术的应用，使得财务表单数据易发生错误。财务表单中的各项数据较多，数据汇总模式相对复杂，若并未对项目预期特征进行预留测试，则会导致财务信息管理难度大，区块链技术应用效果受限。

（三）信息存储空间有限

信息存储空间有限是制约区块链技术在财务管理中应用效果的重要因素。虽然通过数据库机组可以在一定程度上对统计工作进行协调，但在实际应用过程中发现可存储的数据信息数量不多，若机组并未及时更新与维护，将会导致运算强度增加，整体运算效率低下。管理人员在日常工作中，需要结合实际情况，及时更新硬件设备与软件，不断完善服务内容，确保数据运算的合理性。在此基础上开展财务管理工作，应充分应用这一新技术，财务人员也需要掌握基础操作模式，发挥区块链技术优势，从根本上提高信息容量，为财务管理工作开展奠定坚实的基础。

三、区块链技术在财务管理工作中的具体应用内容

（一）分布记账方式

公司在开展财务管理工作中，为提高管理效率，优化内部资金配置，可发挥区块链技术优势，推动财务管理工作有序开展。该技术在应用过程中，为实现信息共享等算法搭建，充分应用分布记账方式，实现对不同节点数据进行监控与共享，在此基础上，还会应用合理框架模型，构建出基本算法模块。当基础算法模块搭建完成后，后期无法进行调整与修改。采用分布记账方式，财务人员通过对函数及时间戳的重新架构，能够形成相对完善的结构框架，这一框架的完善，能够为公司管理者提供准确且完善的数据及分析结果。

此外，还可利用密钥控制，实现对框架的加密处理，为后期数据交易等工作奠定基础。在链条端口中，往往存在多个交易信息，信息查找十分便捷。技术人员在开展记账与数据分析工作时，仅需要充足端口区块即可。利用分布记账方式，能够获取大量有价值的数据信息，还能够加密财务数据信息，提高财务数据的机密性与安全性。

（二）财务信息共享

在区块链技术应用中，共识层是重要组成部分，具有决策作用。在共识层中，其控制方式通常采用规则共识控制，在此基础上，能够充分结合具体项目的开展情况，明确股权分布状态等内容。在对集约化分配进行优化时，财务人员需结合操作流程，明确多种工作形式与交易形式，在我国法律规定范围内，选择恰当控制模式，开展投资与交易等工作，通过这一方式，有利于实现集团内部交易成本的充分把控，还能够实现项目交易成本的再次控制，优化成本支出，提高经济效益。系统运行中，还可充分应用可分配阶段，实施轮流记账，大大缩短财务数据的验证时间。在开展物资分配控制工作中，也可运用于一体化算法，推动数据交互，实现财务信息共享。

（三）智能化财务工作模式

智能化财务工作模式是区块链技术应用的重要内容，通过实现智能化合约控制，系统能够依据各个项目的预期财务表单及投资预算条款等内容，完善逻辑架构。首先，将区块链技

术应用在财务管理工作中，信息交互效率大大提升，明确管理思路与交易流程，还能够制定完善财务管理方式，继而开展财务管理相关工作。将高速发展的区块链技术应用在财务管理工作中，有利于提高结算与清算工作质量，资金核算所需时间较少，核算准确性得以保证。财务人员在日常工作中，可从宏观角度出发，分析不同资金的具体流向，强化监督，避免出现财务信息数据被修改等问题，提升各项财务信息的准确性，为管理工作开展提供准确数据信息支持。

四、区块链技术在财务管理领域中的应用方案

（一）健全服务框架模型

将区块链技术应用在财务管理工作中，为提高应用效率，可通过搭建服务框架模型，提高财务管理效率，实现公司整体发展。在服务框架模型搭建中，需要从多方面采取措施，确保服务框架模型的完善性。

1. 搭建财务控制系统

在应用区块链技术时，为确保技术应用质量，应结合实际情况，通过搭建财务控制系统方式，明确财务管理工作开展中所需要运行的项目情况，继而不断完善系统控制体系。财务人员在日常工作中，可加强对相关软件的应用，实施互联网操作，发挥智能化合作的支持作用，对公司内部各个项目的成本以及财务预算指标进行合理测试，并结合不同项目的开展实践及具体交易情况，获得一定业务模型。为向管理者提供充足的信息支持，技术人员可利用指令，适当配置表单数据，推动物资收集及转移等相关工作顺利开展，通过这一方式，获取准确的财务报表。此外，需要结合具体财务报表，实施自动扣款，最终实现项目应收的深入分析。

2. 制定嵌入式控制合约

在开展财务管理工作中，强化区块链技术的应用是提高工作效率的重要途径。通过整合与业务相关的控制逻辑，加强协调与控制，制定嵌入式控制合约，通过与供应链和物流网络进行约谈，实现各项业务服务的自动化处理。还可将公司内部财务部门、行政部门及销售部门等多个部门相联合，使每一名工作人员均能够掌握自身职责，及时获取产品生产模式，提高财务预算工作质量。

3. 加强项目预算控制中的风险提出

在项目开展中，为提高预算控制效率，减少成本支出，可充分应用物联网及 ERP 系统，辅以区块链技术，整合服务资料，并将其应用至控制逻辑层中。

首先，需配制出完善的控制资料，便于管理人员修改配置指标及节点数据。通过设定符合逻辑的节点控制权限，并为各个节点配置风险预警控制形式，数据资料查询十分便捷，可以提高财务分析的准确性。

其次，通过固定串联控制体系，输入预算要求，便能够获得相应密码函数，在一定程度上能够规避表单数据被修改等问题。

最后，若存在部分项目，其密码函数发生编码，区块链系统可及时发出警示，技术人员可第一时间查看被修改密码函数，数据配置得以优化，利用技术优势，开展模拟预算工作，最终获取警报触控形式。

（二）完善密钥签名技术

将区块链技术应用在财务管理工作中，为发挥技术优势，应当积极完善密钥签名技术。通过构建安全财务管理体系，财务管理人员在开展财务管理工作时，能够适当分级现有财务数据表达，并与各个项目的密钥及签名进行分级授权，最终实现高效把控。同时，管理人员在面对财务数据时，需要遵循相应原则，对数据进行分级处理，结合项目实际情况，开展各项费用测算工作，继而计算出各项指标费用，如生产费用、保险业务支出费用与技术费用等，在一定程度上能够避免各项数据被泄露。

此外，在开展密钥管理工作中，还需要运行防火墙，对所有财务数据进行编码，再进行分类与录入，保证各项数据的安全性，为公司发展提供数据支持。但需要明确的是，在管理工作中，需选择节点管控模式，处理相应业务及项目，检查各项财务指标，实现财务数据共享。由此可见，财务管理工作开展中，为高效应用区块链技术，往往需要分析各项运行数据是否稳定，并结合不同项目，测试财务指标，达到预期控制效果。

（三）提高财务人员综合素质

在信息化时代下，公司在发展过程中，会应用多种信息技术提高工作效率，信息技术的应用对财务人员提出了更高要求。为确保区块链技术在财务管理中的合理运用，需要重视财务人员综合素质，提升其区块链技术应用能力，发挥这一技术优势，提高财务管理质量，带动公司整体发展。可制订完善财务人才培养方案，定期组织学习与培训工作，教授专业区块链技术及操作技能，使财务人员对区块链技术有深入了解，并具备技术操作能力。

此外，财务人员应树立学习理念，在工作之余，积极学习新知识与新技能，并将所学知识应用在实际工作中，提高区块链技术应用效果。区块链技术本身具有公开性及透明性特征，财务人员针对内部财务数据，应开展安全管理工作，形成良好的风险防范意识，避免重要数据泄露丢失，确保各项财务数据的安全性。

区块链技术是一项新技术，具有诸多优势，将其应用在财务管理工作中，不仅能够挖掘更多信息，还能够提高公司整体管理水平。财务人员在日常工作中，应明确区块链技术特征，通过完善数据库，增加数据容量，获取充足数据，提高财务管理有效性，实现公司可持续发展。

第六章 智能财务平台的建设框架

第一节 智能财务平台的建设要点

一、财务共享服务平台建设概述

在大数据环境下,数据的特性和数据处理的需求对金融共享服务提出了新的要求。首先,对于海量数据,财务共享服务中心不能将所有数据作为数据源,必须从企业财务战略的角度,从海量数据中选择满足需求的数据库。其次,更加多样化的金融数据,包括非结构化的金融数据,这大大增加了对非结构化和方便的数据处理方法和技术的金融共享服务的需求比例。它主要来自非结构化数据和财务报表的相关性等,如非结构化数据的确认和如何通过财务报表反映非结构化的财务数据。最后,在大数据背景下,我们必须充分利用云计算、人工智能等先进信息技术,完善金融共享服务中心的建设,严格管理信息技术、供应商和数据安全等风险。在大数据背景尚未形成的情况下,财务共享服务在企业中的应用越来越广泛。然而,在大数据背景下,金融数据量突然激增,形成了多样化的格局。这个概念不仅仅局限于企业内部,而且从整个产业链的角度来看也涵盖了整个供应链,使企业之间的界限更加模糊。同时,以大数据为驱动力的金融共享服务,使金融共享服务不断创新。特别是,云计算和人工智能等新兴技术推动了金融共享服务的发展。正如《经济学人》(2018b)所指出的那样,互联网不仅未能证实早期关于分散的、自由主义的"平坦世界"的预言,而且在很大程度上导致了相反的结果,即越来越多的行业被大型垄断企业所控制,这些企业总部设在少数精英地区,充当空前普遍的国家监督和控制体制的代理人,并催生了"零工"经济中低薪卑微工作的爆炸。这一悖论的核心是一种被称为"数字平台经济"的商业模式。值得注意的是,所有关于金融领域新技术和金融领域以外的数字平台经济影响的分析,都没有系统地评估数字平台模式对资产管理的影响。

二、财务共享服务平台建设现存的问题分析

随着集团市场和业务的不断扩大,以及经济全球化的发展,集团的国际化战略越来越明确。分散财务管理模式的效率越来越低:首先,高成本与低效率之间的矛盾。国际市场的

扩大使得集团在世界范围内的机构和相关部门越来越多。各分公司、研发机构和销售部门需要建立完整的财务管理体系。其劳动力成本和硬件设施等方面都是巨大的开支。同时由于机构部门过多，上报到汇总级别的机制导致效率降低，缺乏及时的信息。团队的决策也有着重要的影响。其次，财务信息质量难以保证。一个独立的财务管理系统对于单个实体的财务会计和管理具有很大的优势。然而，对于大型集团来说，分、子公司和研发机构等管理方式的过度地方分权不可避免地制约了其发展。其主要原因是各分、子公司和研发机构的财务管理体制不同，增加了管理的难度，使其信息的真实性、准确性和完整性极为欠缺。最后，财务信息在决策中的指导作用不能得到有效的保证。除了增加成本和提高财务信息质量之外，分散财务管理还有另一个缺点，即财务信息对部门和企业的发展决策产生了一些影响。会计基础工作和财务数据核对工作量大，这将占用大量财务人员的时间。

三、财务共享服务平台的建设思路研究

（一）云计算对ERP的影响

云计算并不是一项新技术，它经历了电厂模型阶段、效用计算阶段、网格计算阶段，并最终走向成熟。云计算与其说是一种计算，不如说是一种服务模型。云计算具有规模大、处理能力强、可扩展性高的特点。此外，云计算是将建立在廉价节点上的强大计算能力结合起来的完美系统。"云"的出现给ERP系统带来了巨大的冲击。云计算基于三种服务模式，即SaaS(基础设施即服务)、PaaS(平台即服务)和IaaS(软件即服务)，透过互联网向用户提供传统的资讯科技产品。企业资源规划系统和云计算模型非常适合以下应用场景：(a)由于业务需求，跨企业的组织结构服务非常普遍，云计算服务可以很容易地实时共享远程信息。企业只需通过互联网获取资源和服务，大大缩短了部门之间的空间距离。(b)ERP系统需要实时跟踪，因此必须具有高速处理能力。随着业务规模的扩大和数据积累量的增加，数据的存储和分析也变得非常重要，云计算服务可以很好地解决这一问题。(c)ERP系统实施模块化销售。客户可以根据自己的需求组装适合自己企业的ERP系统，云计算服务可以满足多样化的硬件需求。(d)企业规模和需求的迅速变化。云计算服务是一种租赁模式，较好地解决了这一问题，可以随时随地满足客户不断变化的硬件和架构需求，减少用户硬件投资和专业技术人员的维护成本。通过分析能够得出，基于云计算的ERP系统具有较高的安全性要求。公司数据是非常机密的，它甚至关系到企业的生存。因此，基于云计算的ERP系统不仅可以防止病毒攻击，而且可以避免各种数据的干扰，减少数据泄露问题。通过对权限的严格控制，利用数据加密和数据着色等方法实现了综合防范。

（二）财务云共享平台建设主要内容分析

集团的财务云端系统是一个基于云端运算技术的财务共享平台系统，充分利用云端运算的互用性、数据存储和计算能力来部署。在云计算平台下，传统的集中式会计转变为原有个人凭证和会计凭证的云处理、查看和存储模式。财务人员和管理人员还可以随时从移动

终端查看财务信息，实现财务和业务的一体化，同时支持企业战略的实现。云计算技术使财务流程更加标准化。金融中心云数据分析和挖掘数据相关性使决策更加合理。一组"金融云"能够成功的，最重要的一点是建立统一的信息系统平台。该平台的五个系统是相互连接的。从信息收集到信息共享和分析，保证信息的准确性、真实性和及时性，确保会计流程的统一，降低财务人员的工作强度，更加注重数据的管理和分发。在平台建设的过程中，通过对原始钞票的图像采集，对图像中的信息进行识别和分类。财务干事将信息上传，如果需要，可以随时检索图像和数据。这种高效率的操作流程，可以实现财务流程、原始凭证和离岸加工的半自动化，缩短业务处理时间，按时邮寄原始单据，减少单据丢失的风险。网络报销系统的应用是提高办公室工作效率的重要途径。从以前文件的制作和批准到中期会计和报表处理，再到个人工作平台和其他基础数据的应用和维护，都实现了信息的无纸化流动，及时有效地处理会计信息，为决策的最后阶段提供了支持。网络报销系统根据不同的工作需要设置不同的报销模板。员工在互联网上填写报关信息后，系统自动生成姓名、账户等基本信息。提交后，可以通过该平台对业务领导人进行审计。一旦审计通过，信息将自动转移到财务部门。经过审查提交的信息，信息将被输入企业资源规划系统，系统将根据输入的信息自动生成会计文件。利用网络报销系统对电算化会计信息进行处理提前到原始凭证处理阶段，减少了会计人员烦琐的基础工作。在提高会计信息标准化程度的同时，减少了会计人为差错，提高了财务会计质量。集团采用的企业资源计划(ERP)软件以Java为编程语言实现，该软件已运行十多年，管理体系比较成熟。然而，作为一个在全球拥有子公司的集团，该软件仍然不足以满足其需求。因此，集团的"金融云"也在该系统中进行了功能优化和改造。由于一些国家的会计准则、政策等方面与国际和中国有所不同。为了满足这些国家的相关标准，符合地方税务部门、第三方代理机构和审计部门的要求，财务云对公司的a/c账户进行了优化，使一个会计业务可以在当地核算，并可以产生两套当地和集团的会计报表。此外，由于企业资源规划系统和当地会计软件的对接，上载的所有会计信息都可以使用当地会计代码生成相应信息，并可以生成会计报告。

随着全球经济一体化的深入，跨国公司在华投资不断增加。因此，"共享服务模式"被引入中国。越来越多的企业集团建立了金融共享服务平台，并积极开展业务。随着现代信息技术的飞速发展，在"大智移云"的背景下，会计行业应做好充分准备，迎接信息技术的挑战，主动参与财务共享和信息化建设项目，充分利用会计信息平台等平台，寻求利用大数据和云计算，提高会计能力。这将进一步提高效率，改善服务，促进转型，提升企业的核心价值。与传统的ERP系统相比，基于云计算的ERP系统更加方便灵活。同时，它为企业提供了一种投入成本较少、随时满足各种要求的现代企业管理模式。

第二节　智能财务会计共享平台的搭建

随着社会经济的发展，在"大智移云物区"的背景下，多种新型技术风起云涌，云储存、云计算、区块链等技术飞速发展。各行各业都面临着新技术、新经济变革的冲击，管理会计亦是如此。面对日益复杂的会计工作内容，管理会计只有顺应时代转变才能够更好地实现自身职能。温素彬（2020）提出了新时代管理会计研究的智能化、多元化、体系化、多维度、大共享、多层次、行业化、外部化、信息化、伦理化等十大未来发展趋势。本节主要依托于财务共享的理论基础，结合信息化技术，以期构建智能管理会计平台框架。

一、财务共享对管理会计的影响

（一）提升会计信息实时性，增强财务决策有用性

管理会计作为会计学的一大分支，是对财务会计所提供的相关材料进行价值创造和价值维护。但是由于缺乏对各项财务数据和财务信息的实时了解、掌控能力较弱等问题，在会计实务工作过程中未能提供准确的成本信息，无法满足管理部门对企业信息的客观需求，降低了管理部门的工作效率。基于财务共享的管理会计，可以将总结过去、控制现在、解析未来三者有机地结合在一起，对财务会计工作人员所提供的信息材料进一步提取、加工、延伸、采纳，使企业的经济活动可以更加严格准确地按照企业管理层所做的决策精准有序地进行，进而增强管理部门对企业信息的掌控了解，使其预测与决策更具有实时性、科学性，提高企业管理部门的工作效率。

（二）规范财务流程，提高处理效率

管理会计的工作流程主要分为确认、计量、归集、分析、编报与解释、传递等六大部分。财务共享服务中心实现了财务处理流程的标准化和信息在流通过程中的真实性，有助于消除在原有的财务处理流程中由于信息传递不及时所造成的业务与财务脱节的实务障碍问题。基于财务共享的管理会计，运用新的科学技术和先进的会计观念使财务处理流程更加规范、科学、高效，消除了业务与财务脱节对企业战略布局的影响。

二、基于财务共享构建智能管理会计平台的必要性

共享服务是智能管理会计的基础，没有共享服务就没有管理会计赖以分析和决策的数据基础。经济发展进入全球化，信息技术也随之不断地创新和提高，共享服务也就出现。何为共享？简言之，就是利用"互联网+"、大数据平台、云储存、数据仓库、数据挖掘等互联网技术，将企业内部的各项数据和市场上的数据信息整合在一起，基于共享服务所搭建的平台，将财务信息集中在一起，企业各部门可以更为便捷、准确、快速地实现信息的沟通和共享。

管理会计的最终目标是提高企业的经济效益,但是由于传统管理会计工作中存在的局限性,在进行收益预测和风险预测时,数据结构的复杂、分析数据过程的冗长,以及所分析数据内容随着时间推移逐步降低的价值,使管理会计在参与到企业的管理与决策之后,所提取的数据分析结果与企业的实际运营情况出现偏差,降低企业的经济效益。在如今人工智能快速发展的时代,先进的人工智能技术对企业智能财务体系的建设与优化有着更好的促进作用。

以财务共享作为构建智能管理会计平台的基础,有助于企业形成财务数据中心,保证了信息的快速传递,同时也保证了信息内容的标准化与精准化,加快实现了企业财务的各项数据和市场信息的进一步整合。通过智能化管理会计平台对信息数据的分析,提取出管理会计人员所需要的会计信息,减少了财务人员在分析数据时由于信息的不全面,所做经济预测具有偏向性和局限性,保障了管理会计所做财务决策的时效性与准确性,推动了企业精细化管理。实现管理会计工作的集中化、标准化、高效化、准确化和低成本运行。

三、基于财务共享的智能管理会计平台构建

(一)管理会计的智能化要求

管理会计的智能化至少包括管理智慧、数据采集层、智能计算层、智能管控与决策支持层以及硬件基础层五个部分。在合理搭配的硬件基础上,以管理智慧为核心,利用数据采集和智能计算,实现智能管控与决策支持。管理智慧是实现信息化管理的必要前提,信息化的统一管理可以将企业各个部门的管理层串联起来。结合企业顶层设计、企业管理理念、企业经营模式、企业发展战略等部分,使管理层可以更好地规划和控制企业的经济决策,更好地为企业制定各项决策。

一是在数据采集方面,全面、深层次的数据采集,可以解决日常工作中可能出现的信息缺失、信息孤岛等问题。利用云计算、"互联网+"、区块链、数据仓库、数据挖掘、智能共享服务、大数据和云储存等计算机技术,挖掘信息、分析信息、处理信息,再对信息进行提取、传输及应用,实现数据采集和业务的数字化,加速信息的采集与传递,确保信息的互通性和真实性,保障数据采集的时效性和准确性,消除信息与财务脱节带来的障碍。

二是在智能计算方面,通过智能计算提取的信息数据,财会人员可以为企业的日常经营活动以及发展战略更加及时地提供全面、准确、科学的方向指导,提高企业的经济效益,推动企业的精细化管理。企业工作中,存在大量重复、单一、固定、机械化的工作内容,这种类型的工作内容,在会计日常工作内容中,存在浪费人力、浪费时间且容易出错等问题,在为企业的经营发展提供指导时存在漏洞。通过应用数据仓库、数据计算、数据管理、数据分析、云计算等技术,利用人工智能取代人工,一些单一、重复的工作内容由智能管理会计系统自动化处理,可以在有效地调整和控制成本支出的同时,保证信息数据计算的准确性,还可以使会计人员摆脱低效化的工作,向精英化会计、复合型会计转变。

三是在智能管控和决策支持方面,区块链、商务智能、预警、可视化、数据挖掘、机器智能等技术的应用,使企业各部门处于同一个数据仓库之中。各部门在日常工作中使用统一的数据信息内容,减少了人为因素对生产决策活动的影响,促使管理会计的工作更加科学合理,同时有助于加强各部门之间的协调,消除各部门之间信息交流的不对称。专业的数据分析预测经营风险,使得管理会计在参加企业的日常生产经营活动中,更好地经营管控企业,更加准确地预测企业未来的发展方向,实现对企业产品、生产、经营和市场的全面控制和有效管理。

四是相应搭配的硬件基础方面,管理会计智能化首先是由纸质账本到电子账本的改变。同时管理会计智能化程度的不断加深,对相应硬件的要求也会逐渐提高。高质量的硬件基础不仅保障了管理会计智能化的实现,同时为管理会计智能化的实现奠定了基础。

(二)总体框架

智能管理会计平台的基石是以财务信息的系统整理为途径,将公司的财务流、业务流、管理流三者汇合,形成公司的财务互联。在平台的建设中以智能管理会计平台的核算能力为核心主干,智能管理会计平台与其他资产系统之间相互联系、智能管理会计平台与其他平台之间的信息交流以及对信息处理的智能化场景管理等三个方面,共同构建起基于财务共享的智能管理会计平台。

智能管理会计平台与其他平台系统之间的联系,对于企业内部而言,主要是与人力资源管理系统、财务信息管理系统、企业资产管理系统等的联系;对于企业外部而言,主要是与银行系统、税务系统等的联系。智能管理会计平台还可通过人脸识别、指纹识别、语音识别等实现智能化场景管理。

加强财务信息的系统交流,旨在加深各部门对信息内容的了解与掌握,从而将部分单一、固定的财务工作进行系统化。对信息的快速掌握、运用及消化能保证智能管理会计平台的实效性,财务流、业务流以及管理流三者的汇聚实现业财融合,有助于大幅度提高公司的工作效率。

核算能力是智能管理会计平台的核心能力,加强财务信息的系统交流,旨在提升各部门对信息内容的了解与掌握,从而将部分单一、固定的财务工作进行系统化。智能管理会计平台有着较强的学习能力和计算能力,能够在收集信息之后,快速地对信息进行分析提取,实现企业对信息的快速掌握、运用及消化吸收。通过数据挖掘技术,对企业所获的信息内容进行深层次的挖掘,再多方面进行财务分析,发现信息内部的核心价值,为企业可以做出高效准确的决策提供助力。在公司财务互联的基础上进行的财务核算,提高了核算内容的准确性,保障了核算内容的有效性。用电脑取代部分人工,将工作内容细化的同时,又将工作进行简化,既降低了公司在人工方面的支出,又提高了人力资源的利用效率。

（三）数据需求

从数据需求来看，在企业日常工作中，传统的管理会计存在多种弊端：一是信息失真。同一公司的账簿数据，在不同会计人员的记录下，由于工作经验、性格不同等原因会导致信息偏差，财务信息缺乏同一性、准确性和有效性，进而影响企业决策数据的参考价值。二是信息失真导致的工作效率低下的问题。企业内部财务信息失真，导致信息内容可比性、有效性下降，增加了财务工作人员的工作负担，同时在一定程度上影响了财务信息的时效性，造成财务效率低下、财务信息数据参考价值低、管理成本增加等问题。三是由于大量核算内容的堆积与需要，公司对管理会计人员的要求更多的是对会计数据的核算和一些简单的账务信息的记录，这样一些本可以由智能管理会计平台所做的工作，加重了管理会计人员的工作负担，导致管理会计无法发挥本身的预测职能，影响了企业决策的合理性与有效性。

因此，智能管理会计平台的构建，应帮助企业快速、有效地挖掘数据信息，发挥数据信息的价值。海量的数据信息汇总之后，通过进一步的筛选分析技术，可以发现数据之间的潜在联系，寻找出有助于企业发展的有效信息。同时可以从时间、客户、竞争对手等多维度发掘数据信息中所包含的价值内容，为企业的管理和决策提供强有力的数据内容，促使企业更好地开展工作，进一步增强企业的核心竞争力。

四、保障智能管理会计平台运行的建议

（一）明确定位，全员参与

智能管理会计平台的顺畅运行，离不开公司上下的全员参与。由于智能管理会计平台的特性，与企业内部的各样系统相挂钩，因此智能管理会计平台的构建并不只是服务于管理会计等财务人员，上到企业高层，下到前台员工，财务系统、人力系统、项目系统中的每一个人都是智能管理会计平台的使用者。

（二）管理制度标准化

在智能管理会计平台建成之后，公司上下要严格按照公司的各项标准执行工作活动。平台的智能化，避免了财务人员在工作中的偏向性，降低了人员工作偏向性所导致的信息失真的可能性。标准的工作管理制度，有助于智能管理会计平台更好地收集数据信息，为公司的发展方向和企业目标进行预测，提供意见。

（三）持续加强信息化建设

智能管理会计平台的建设，是现如今信息技术快速发展的产物。但与此同时，企业内部有必要加强信息化技术的建设。比如，将每日的上班考勤系统与智能管理会计平台相对接；将公司传统的核算内容与智能管理会计平台相对接等等。只有不断地加强企业内部的信息化建设，并将其与智能管理会计平台相对接，才能最大限度地发挥出智能管理会计平台的优越性，降低企业的生产成本，提高企业的生产效率。

（四）提升专业人才素质

信息技术在不断地发展，智能管理会计平台也随之不断地升级。虽然智能管理会计平台有一定的自主性，一些财务核算工作可以通过后台的云计算、云储存、数据仓库等技术实现。但是平台的使用和维护依旧是离不开具有专业素质的人员。企业应当随着时代的潮流向高新技术转变，同时企业内部的专业人才也应当提升自己的专业素养，与智能管理会计平台相结合，为企业创造最大化的利益。

综上所述，企业构建基于财务共享的智能管理会计平台是必要的。保证公司财务人员处理财务信息的效率，同时增强了信息数据的可用性、实用性，减少了信息失真的情况。规范统一的工作标准，降低了工作人员在工作中出现偏向性的可能性，规范优化了企业的账务处理流程，也有助于加强对企业内部各部门的管理作用，降低了企业的管理成本，提高了企业内部的工作效率。虽然现在由于部分技术的局限性，智能管理会计平台的构建无法做到尽善尽美，但是企业仍然是有必要依托于信息化技术，在"大智移云物区"的背景下优化账务处理系统，加强对专业素质人才的培养，积极构建智能管理会计平台，加强企业核心竞争力。

第三节 智能管理会计共享平台的搭建

近年来，财务共享是一个备受企业界瞩目的财务管理模式，企业期盼通过财务共享中心的构建加强管控、规范业务流程、整合财务资源、强化战略支持、降成本增效率，进而推动企业转型。然而，很多早期试水财务共享中心的企业发现，被寄予诸多美好愿景的财务共享中心却是"理想很丰满，现实很骨感"。有的大型集团企业建立了财务共享中心之后，尽管有好几百人集中处理各种单据，却依然忙不过来，甚至人员和成本不但没减反而增加了；费时费力做出来的报表，对企业的规划、决策、控制、评价以及价值创造方面的作用依然不大……究竟是什么原因造成财务共享中心难以达到预期目标？

一、"互联网+"时代传统财务共享难以为继

在"互联网+"时代，传统企业通过线上线下数据的整合，可以提高整体供应链运营的效率。这种变革不仅仅是把前端销售、物流线上化，更要考虑把后端的财务、采购、内部资源配置与前端的新型商业模式进行匹配。如果前端已经应用了线上线下融合的新思想，但财务、采购支撑体系、财务共享中心等后端还是以拿到发票后的事后管理为核心的处理模式，显然不能匹配前端快速响应的要求。"互联网+"模式下对后台支撑管理的要求无外乎三点：财务组织扁平化、流程简化、数据体系化。显然，这三点要求在传统财务共享管理模式下难以实现。这是因为：

一是传统财务管理的组织模式一般是分层级的,有总部、大区、各业务单元,组织层级较多。

二是传统财务管理模式由于财务流程与交易相脱节,导致很多冗余的流程环节。

三是传统数据支撑体系存在以下问题:ERP系统为流程操作服务,不是为管理服务;财务数据以事后记录为主;记账以发票内容为主体,财务数据与业务实质脱离等。

二、智能财务共享的核心价值

智能财务共享是实现财务组织扁平化、流程简化、数据体系化的有效路径。与传统财务共享相比,智能财务共享的核心价值有四点:

一是重构传统财务处理流程。通过构建内外部融合的交易平台,实现流程自动化,消除烦琐、低效、冗长、不增值的财务环节。

二是实现财务组织扁平化。组织扁平化是指通过减少企业的管理层级、压缩职能部门和机构、裁减冗员,从而提高管理效率。而在智能财务共享服务中心模式下,那些共性的、重复的、标准化的会计核算等业务被集中在财务共享中心进行统一、自动化的处理,在简化审批流程、提升效率的同时,也实现了财务组织的扁平化发展。

三是实现企业交易端的信息完全透明化。将日常采购和支出的业务活动置于财务共享中心的支撑和管控之下,让财务人员的视野延伸至业务的全流程,进而理解每一笔账背后的业务逻辑,还原一本"最真实的账";让业务人员懂得他们的每项工作会对财务产生结果;让管理者心中有一本"明白账";真正实现业务与财务的深度融合。

四是为管理会计更好地发挥规划、预测、决策、控制、评价等功能提供了大量真实、可靠的信息,进而让分析更精准、管理更高效。

三、智能财务共享平台的构建

构建智能财务共享平台需要做好以下两方面的工作:一方面,要把外部的供应商、客户、分销商、经销商、工商、税务等都纳入平台,打通和连接内外,让财务管理回归企业运营的本质;另一方面,要把内部的人财物等资源配置管理起来,通过虚拟内部交易构建资源获取、资源配置、商品交易这样一个完整的内部价值链条,借助"互联网+"实现以电子交易票据为媒介的业务流(借助信息化实现所有业务环节的业务信息全流通)、票据流(伴随业务环节,产生多种业务票据,作为交易的原始凭证)、信息流(打通业务链各环节,借助互联网构建无边界信息平台)的"三流合一",搭建起一个开放的后端支撑平台,也称之为互联网运营支撑平台模式下的财务共享平台。

在智能财务共享平台的前端,通过建立企业内部商城的模式,把企业外部的标准供应商纳入体系,也可以把商旅服务商、供应商纳入体系,还可以把内部存量的房产设备等作为商品发布到这个平台上。

在智能财务共享平台上，所有业务部门不管是使用外部采购还是内部资源配置，均遵照此流程：业务人员申请—管理者审批—订单推送至供应商和电商平台—记账、对账、结算自动化。

智能财务共享平台的构建会给企业带来三大管理价值：

一是建立横向联通、纵向贯穿的扁平化组织模式。原来以管控为核心的平台变成了以服务为核心，在这个平台上，通过建立商城体系，可以让业务单元直接在平台上进行商品的申请采购、比价采购，而不需要再做层层申报，进而实现组织扁平化。

二是在交易闭环中实时获取各类管理数据。平台中的实时交易信息、管理口径信息、会计口径的数据等，可以帮助管理者回答为了战略决策，不同产品不同项目投入了多少资源、由哪些部门投入的、从外部和内部分别获取了什么样的商品和服务等问题。

三是打造智能财务核算引擎，实现会计核算自动化。智能财务共享平台把管理的重心延伸到交易端，交易和发票数据都在系统中，可以做到会计核算过程自动化，同时通过消费在线化，实现交易前端的管控。

四、借助新技术实现财务共享业务处理的自动化和智能化

随着电子发票、移动应用、电商平台、云计算、人工智能等新技术的应用，数据采集前端化、核算处理自动化、财务档案无纸化、会计职能服务化、会计核算智能化成为可能，这为财务共享中心的转型提供了技术条件。而语音识别、图像识别、智能会计引擎以及基于自然语言的流程、预算、标准控制引擎等智能化技术的应用，让财务共享平台系统变得越来越"聪明"。

那么，如何借助新技术实现财务共享业务处理的自动化和智能化？下面以费用管理业务为例，介绍两项智能化的具体应用。

应用一：校验发票过程中引入 OCR 技术，让计算机会"看"。首先，员工用手机拍下发票的照片，上传服务器，服务器自动做 OCR 的识别，识别出发票的代码，然后再通过与税务部门的接口拿到发票的结构化数据，自动进行验证，识别这张发票的税额和商品金额是否匹配，发票数据和结构化数据是否有差异，通过查看发票的影像，还可以查出问题产生的原因。

应用二：基于知识图谱的智能财务规则引擎，让系统会"听"。在订机票的时候，可以采集语音。比如，业务员说，明天订北京到上海的机票，系统会自动识别语音，把机票列出来，筛选出合适的航班后就可以提交机票申请。同时，基于交易管理，系统会自动生成一个出差申请单，这个订单附带着发票信息。如果这张机票超过了公司的标准，先要对它进行说明，再进行费用分摊，可能是多个部门和多个项目之间的分摊。对于管理者而言，能实时看到系统相关信息，业务员乘坐什么样的航班、费用归属在哪个项目中都一目了然。如果管理者发现项目分摊有问题，可以直接通过人工智能的方式创建一条单据的控制规则，用自然语言处

理的方式，告诉系统新的管控规则，系统就会自动识别并创建一个新的控制规则，并保存在系统中。当业务人员再次提交单据时，就会收到新控制规则的提示，它由管理者实时通过自然语言交互方式增加到系统里。利用知识图谱通过语音交互，让系统能够理解管理意图，也使企业管控变得更加智能化。

第七章 智能财务建设的保障措施

第一节 财务制度的优化

简单而言，财务制度是指通过所制定财务管理规则和工作流程对企业财务活动进行约束，这些制度主要是根据企业当前发展状况和目前社会经济形势及国家政策来制定的，通过制度来处理企业财务活动过程中的权责利三者之间的关系，并为企业未来发展提供财务战略规划，从而促进企业科学发展。

目前，我国大部分企业在财务管理制度建设上还存在较多问题，财务建设速度跟不上企业发展，财务流程不符合企业实际要求，财务数据存在很大风险，这些问题都给企业发展造成了严重的阻碍，因此，构建完善的现代化财务管理制度迫在眉睫。要在管理模式、内容等方面做一些大的调整，从而促进财务工作更为有效的开展。

一、当前企业财务制度的一些特点

随着我国经济不断发展，其经济形势出现了较大变化，作为企业而言，在制度管理建设中，也开始有了新的变化。当前，我国企业在财务制度建设上，主要有以下三个特点：首先是所有权和控制权的分离。其次是在财务制度制定体系上，我国财务制度主要是企业根据相关国家法律规定来制定执行，财务制度尤其是会计核算制度不能违背国家相关法律文件。最后是财务制度共享性。随着经济发展，企业财务制度内容也在不断完善，业财融合进程加快，许多企业在优化财务制度时，必须结合业务实际，从而促进企业发展。

二、企业财务制度存在的主要问题

（一）对财务制度认识不全面，制度不健全

对财务管理职能和制度认识不清晰不全面是我国许多企业，尤其是中小企业管理者存在的主要问题，在企业财务制度建设过程中，由于缺少对财务制度的认识，同时，一些财务人员由于对企业没有足够的了解，从而导致企业在财务职务定位及职能分配上，容易混淆。其次，就财务自身而言，财务和会计，是两个概念。会计主要是对企业日常财务活动和经济事务所涉及的资金进行全面核算及监督，而财务则主要指企业在经营生产过程中，与企业资金

或资产有关的经济管理工作，与会计相比，它更多的是一种管理手段，通过对财务数据和流程的优化分析，从而促进企业持续发展。但目前，很多企业更加重视会计核算，并混淆了二者之间的概念，一些财务分析工作也有会计人员进行，导致企业财务制度不能有效落实。最后，在制度建设上，当前我国企业财务制度没有健全的现代企业法人制度为支撑，阻碍了企业财务制度的完善。如在企业资金支出上，手续不正规，从而给企业带来了较大风险。

（二）财务与业务融合度不高，财务难以发挥对业务的支撑作用

在目前的经济环境下，财务与业务融合已经成为企业进一步发展的重要趋势。但具体而言，如何促进业财融合却使很多企业无从下手。在财务制度上，并没有涉及业务管理，财务人员也没有定期和业务人员进行交流沟通，财务人员在进行财务预算及执行时，不能真正和业务流程结合起来，使企业财务难以发挥对业务的支撑引导作用。

（三）财务制度体系不完善

当前，我国大部分企业在财务制度管理条例上，只集中于财务会计核算、票据管理、纳税管理等，并没有从整个财务体系中来思考，尤其是财务前期筹划和后期风险管理及财务监督机制等方面不健全不完善。在企业财务管理和制度构建中，会计核算制度只能算基础，是每一家企业经营发展的必备能力，但想要实现企业规模发展，就必须建立健全财务制度体系，把财务管理放到企业整个经营环节中去，但目前而言，我国较多企业还比较欠缺。

（四）企业财务综合性人才缺失，不利于财务制度的完善

企业财务综合性人才缺失是许多中小企业财务管理面临的痛点，财务管理人员能力不强，不利于企业财务制度的构建。首先是财务人员对企业经营流程不熟悉、不了解，所制定的财务制度仅仅针对财务内部管理，在涉及其他部门财务资金使用时，并不符合其实际情况。其次是部分财务人员职业素质不高，没有真正按照财务人员守则坚持原则和操守，既损害自身利益，也破坏了企业利益。

三、关于优化企业财务制度的措施

（一）加强财务认识，建立以资金管理为核心的财务制度

首先，企业要加强财务认识，提高企业内部人员尤其是财务人员对管理会计的认识，转变财务思维，促进企业财务制度建设符合当前国内外市场需求。其次，建立健全企业财务制度，一是企业要明确财务职务，加强岗位之间的权力制约和相互监督，同时要优化财务流程，提高财务管理效率。二是要建立以资金管理为核心的财务制度。现有资金不足一直是制约企业发展的最重要的因素，因此，如何有效利用并分配企业资金是企业财务值得思考的问题，企业资金管理水平直接决定了财务风险大小，因此，企业应建立一个专门的资金管理部门，对资金使用情况、资金投资效益进行管理，在保障资金安全的前提下，尽量降低闲置率，提高管理收益。最后，加强企业财务人员管理会计思维，随着企业发展和企业规模的扩大，

会计核算会逐渐被软件系统或外包所取代,企业内部人员最大作用应是对企业财务未来战略进行思考,而不是简单的会计核算。

(二)加强财务与业务方面的融合

新经济形势下,企业在优化财务制度过程中,要考虑到未来财务发展趋势,为制度的有效和持续执行奠定基础。想要使财务制度充分发挥作用,就必须加强财务与业务之间的融合。因此,企业需要财务人员对企业经营流程、重点开支、经营销售过程等各个环节涉及的部门进行了解,要熟悉其业务开展模式、注意事项、过程中所涉及的资金需求等,从而有利于强化财务和业务之间的协同合作。在财务系统和业务系统上开放对接端口,实现基础信息共享,并制定相应的标准化、精细化流程,从而提高企业财务和业务运营效率。当涉及新的业务和投资时,企业财务应对其做一个详细的可行性分析,保障企业效益,从而让企业财务管理深入到企业各个环节中去,为后期财务核算提供真实、准确的财务数据。

(三)创新财务管理体系和管理内容

企业财务管理体系的健全完善必须在保障企业正常运营的前提下进行,随着我国经济发展和市场竞争的加剧,企业必须从整个财务体系出发,对财务工作加以规范。如在财务预警、危机处理等方面要用制度进行完善。首先,在财务预警上,企业可以设置一套财务预警机制,加强内外部环境管理,对内部,企业要强化对核心环节的数据收集,并建立责任人制度,由相关责任人负责,一旦发现数据异常,则及时汇报迅速处理,从而降低损失。对外,企业要基于社会大环境背景,当经济形势和行业政策发生变化时,企业要结合自身经营情况对未来发展战略进行调整,维持好企业效益。其次,提高企业风险管理能力,作为企业管理人员,要始终牢记,危机既是危险,也有可能是机遇。对此,企业应加强大数据建设,利用信息数据来提高风险处理能力,同时,规范财务管理,并建立风险防控数据库,把行业或企业历年来遇到的突发风险收集进去,当风险再次发生时,及时处理。

(四)加强人才培养,提高财务管理水平

人才作为企业财务管理工作的主体,是财务工作顺利开展和财务制度建设的保障,对企业发展的重要性无可替代。因此,企业要想有效开展财务工作,就必须调动财务管理人员工作积极性和创造性,想要提高财务水平,就应加强人才培养。首先,企业应建立健全一套科学完善的财务人员激励约束机制,并把其机制纳入内部控制管理体系中去,把财务人员个人利益和企业利益紧密结合起来,根据企业财务效益和节税比例来给财务人员进行奖励。其次,实施权责利相统一的人才管理机制,树立财务人员正确的职业道德观,同时,对一些违纪违法的财务人员,企业要坚决按照规定办事,约束其行为。最后,实施人才引进或人才培养机制,定期对企业财务管理人员进行培训教学,提高其综合素质,打造一批财务专业能力强、业务知识水平高的高素质财务队伍,从而反作用于财务制度,优化财务管理体系。

随着企业市场竞争的加剧,企业要加强优化财务制度建设,利用内部控制来完善对财务的组织管理,从过去的粗放型管理向现在的精细化管理转变。加强企业全体人员财务意识,

促进业财融合进程，培养财务人员综合素质，从而构建一套动态性的持续发展的财务制度，引导企业实现健康发展，提高经济效益，顺应经济形势，实现既定的战略目标。

第二节　信息系统的更新

《政府会计制度——行政事业单位会计科目和报表》的颁布，很大程度上推动了我国财务工作的进一步发展，企事业单位的财务管理工作要能够跟上形势，与时俱进地在工作方法上进行创新，落实信息化管理，提高工作质量和效率。然而在实际工作中，很多企事业单位的财务信息系统都存在应用上的困境，一些单位由于没有足够的资金支持，导致财务信息系统更新缓慢，各项数据的应用效率低，无法发挥出信息技术管理的优势。

一、财务信息系统的概念范畴

财务信息系统自诞生之后，经过了多次迭代，从最初的手工财务系统到电算化财务系统、准现代财务系统，发展到当下的现代财务系统。总体来看，财务信息系统是一种处理会计信息的综合管理软件，英文简称 AIS。企事业单位在运用 AIS 时，能够及时了解企业的价值运动、监督财务信息走向，及时发现财务信息存在的问题。根据财务信息系统的功能，可以将财务信息系统定位为一种运用信息技术，对财务数据进行采集、存储和处理的信息工具。

二、财务信息系统现状及存在问题

我国企事业单位现代化财务信息系统的推进时间较晚，各方面发展仍不够完善，整体滞后于世界发达国家，很多企事业单位在应用财务信息系统时也存在应用不利的问题，具体表现在如下几个方面。

（一）缺乏对传统手工模式的改造，对财务信息系统设置调整不够

很多企事业单位沿用的还是传统的手工记账、算账、报账方式，这种手工模式的工作效率较低，很多信息无法及时反馈，在运用流程处理工作时，经常性地出现重复或者工作盲区的问题。还有一些企事业单位在推进财务电算化时，并没有针对手工系统的特点进行系统分析，在财务处理方法和程序上，存在明显漏洞。电算化的财务信息系统将记账的过程设置为虚拟过程，很多记账的环节是可以取消的，在需要时则会采用瞬时记账的方式。一些企事业单位无法利用好这一特征，从而造成了财务数据保存失败、信息流动不畅等问题。

（二）财务工作体系不够完善

针对财务管理工作，我国已经建立了较为完善的财务体系层次，然而在这一体系之下仍

然存在一定问题，影响了财务工作的有序开展。主要表现在很多企事业单位在实际执行财务管理工作时，会对体系中的要求大打折扣，诸多工作只是凭借经验推进，财务信息无法按照要求进行填写，甚至出现财务造假行为，这对企事业单位财务管理工作以及国家的经济发展来说都会产生负面影响。在工作中只有坚持落实财务管理规范、认真执行，才能够贯彻会计管理精神，在确保财务准则实施无误的前提下，协助企事业单位实现业务拓展。

（三）财务信息系统安全性不够

很多企事业单位所使用的财务信息管理系统都存在安全隐患问题，这些企事业单位并没有针对财务信息系统的特殊性，建立专门的管控机制，对信息风险的关注较少，当出现突发事件以及安全风险时，无法及时控制，实际上只有做到足够的信息安全管理，才能够保护财务信息有序使用，避免将企事业单位置于风险中。

三、财务信息系统更新趋势分析

（一）财务信息系统的开放性趋势

财务信息系统在不断升级的过程中也在不断地扩展信息处理的维度，当下的财务信息系统已经可以对所有信息相关者开放，通过权限设置的方式，让财务体系得到进一步的扩展以及延伸。这种趋势源于当下市场经济的企业特征。企业作为生产要素的综合体，在创造经济利润的过程中，需要多个部门的协同办公，运用财务信息系统增强企业内部的沟通，提高公司治理效率。

（二）财务信息系统的多功能趋势

现代化财务信息系统的构建要依托于现代管理科学理论，通过网络技术对企事业单位内部的组织架构进行权责划分，增强部门之间的监督以及协作工作效率。这种多功能协同运作的工作方式，可以最大限度地保障财务信息的完整性以及真实性。同时，财务信息系统中所能承载的信息量是巨大的，在进行信息传输、处理、保存、输入时，使用者也会更加便利。新时期新制度下，电子商务迅速崛起，财务信息系统也要将传统的企事业业务和电子商务进行嫁接，根据电子商务流程的特征，开设在线电子支付、网上银行、电子签名、数据加密等等，帮助企事业单位更好地迎接来自外部的挑战。

四、新制度下会计信息系统更新建议

（一）增加新旧制度衔接模块，使新旧切换便捷准确

为了更好地落实财务信息系统管理工作，需要让新旧账目有效衔接，对此可以在快捷信息系统中增加切换功能，导入原有的账目信息以及工作底表等等，会计从业人员在进行工作衔接时可以通过简单的操作调取数据、补录数据，最终实现新旧账目的衔接。

（二）保证信息系统操作便捷高效，方便从业人员使用

由于财务信息系统中需要信息的录入，而平行记账又会增加会计从业人员的工作量，所以财务信息系统的页面设置上，要注重人机交互以及页面风格，考虑到操作的便捷性。具体来看，系统中要将业务和事项进行对应，以清晰明了的方式设置凭证模板，同时要有帮助功能，对于刚刚使用财务信息系统的人员，在不熟悉业务时可以提供业务和事项的模板，提高工作效率。当企事业单位的其他部门需要财务工作协助时，也可以通过此类在线帮助功能，快速找到对应的模块。

（三）提供查询和报表功能，确保财务安全

在财务信息系统中，为了方便使用者操作，要有关于明细账、辅助账目、资产负债表等清晰的模块，使财务人员进行日常查账和对账时可以根据醒目的模块完成工作。为了提高报账的效率，在财务信息系统中也可以构建"互联网+"模式，通过电子化数据导入的方法增强工作的联动性。

（四）为政府综合财务报告提供数据支持

财务信息系统中的数据要进行规范化的处理，企事业单位要配合政府综合财务管理工作，在新制度实行之后，配合政府提供财务报表，明确报表项目和会计科目之间的关系，通过自动提取数据、梳理财务报表，明确企事业单位每一笔收支的性质，这也对财务信息管理系统提出了较高要求。在信息系统的功能设置上，要考虑到自动生成报表这一模块，通过计算机后台功能，减少财务从业人员的工作量，而且这一功能的设置也可以减少人为的干预，对于财务信息的准确性、真实性来说也是大有裨益的。自动生成的财务报表也是构成政府综合财务报告的基础数据，提供高质量的报表是企事业单位在生产运营过程中需要担负的财务责任和义务。

综上所述，在新制度下，财务信息系统能够提高企事业单位的工作效率，企事业单位要将智能化的财务信息系统应用于经营的过程中，提高企事业单位的管理效率，财务从业人员也要加强对财务信息系统的学习，了解其功能模块，做好新旧账目之间的衔接，通过电子化办公提高财务信息的准确性，发挥出财务预判性功能，推动企事业单位在新制度下实现更好发展，以智能化的快捷信息系统构建更加开放、高效、灵活的业务平台。

第三节　风险的管理与应对

企业要可持续发展就必须提高全员对财务风险管理的重视程度。完善的企业财务风险控制体系，不仅可以使企业在市场竞争中处于有利位置，同时也对企业自身财务核心能力的提升具有非常意义。

一、财务风险的含义及特征

财务风险指企业经营活动中,由于环境变化等内外部原因以及其他无法预料的因素使财务运营偏离预期目标而使企业蒙受损失的不确定性。

财务风险的主要特征包括:一是客观性,风险处处存在,是客观环境与条件变化的结果,不以人的意志为转移,企业无法完全回避和消除,但可以运用一些技术手段来使其在可控范围内;二是全面性,纵观企业生产经营全过程,每一步骤都有财务风险的影子,某个步骤没处理好,就可能爆发风险;三是不确定性,财务风险爆发的时间不确定,影响的范围不确定;四是共存性,风险与收益是同时存在的,一般情况下风险越大可以获得的风险报酬越高。

二、企业财务风险的来源

多样性和复杂性是财务风险的共性。其特征说明企业的财务风险不单来源于企业外部,同时企业自身也存在财务风险,而且行业类型的不同对应的财务风险类型也不尽相同。

(一)外部来源

1. 宏观环境复杂多变带来的风险

企业无时无刻不受到诸如经济环境、市场环境、法律环境等的影响,在为企业带来机会的同时,也为企业带来不利影响。当外部环境恶化到一定程度,若不能科学地预见、反应滞后、措施不力,将给企业带来灭顶之灾。由于财务管理规章制度不健全、机构设置不合理、管理人员素质不高等原因,企业普遍缺乏对外部环境的适应能力和应变能力,一旦外部环境产生重大变化,基本没有招架之力。

2. 金融市场变化带来的风险

金融市场规模的扩大和金融工具的创新为企业注入新鲜血液的同时,也产生了许多金融风险。例如金融衍生品的风险,利率波动必然产生利率风险,汇率波动必然产生汇率风险,不能及时偿还债务的风险等。

利率风险是企业的主要财务风险,当企业自有资金不够支撑企业的高速运行时,必然对外筹资。当"双松"环境下,资本市场的货币供给量相对充足,企业资金成本相对较低;反之,"双紧"环境下,资本市场货币量骤减,企业被迫接受高昂的贷款利息,增加企业经营成本,从而承担更大的筹资风险。进出口企业还存在汇率风险。人民币汇率上升,对进口是利好,但对出口不利,还会引起外国客户对我国产品的需求量的降低,直接影响我国企业产品的出口量。

利率风险和汇率风险可能同时作用于企业。企业根据经营需要选择外币融资,当利率上升和汇率上升时,增加了企业还本付息的压力,加大企业的财务风险。

（二）内部来源

1. 经营风险

企业的经营风险种类繁多，诸如资金链断裂、战略失误等。但和财务管理直接相关的还是资金链问题，企业供产销全过程就是资金在企业中的转化过程，资金在这个过程中扮演着不同的身份，有时是以存货出现，有时是以应收账款出现。而存货的变现能力、账款的回收时间和金额因其具有很大的不确定性，所以对企业的现金流产生至关重要的影响。

在竞争日益激烈的市场环境下，许多企业不得不通过降价促销或者通过赊销方式来增加销量，以期能够先生存下来，然后在未来能够扭转当前局面，导致的结果就是应收账款无序增加。由于前期对客户的信用等级不够了解，盲目赊销，造成应收账款失控，如果账款回收不及时，极易造成坏账损失，迫使企业举债经营，增加融资成本。长此以往，增加了企业资不抵债的财务风险。

存货变现风险也给企业增加了未知影响的可能性。存货的流动性较差，首先存货占用企业大量流动资金；其次存货的保管成本增加，导致存货成本上升，利润下降；最后随着市场风向的转变、产品的多样化和消费者需求个性化的发展，库存存货需承担市场价格下跌带来的现金流损失；最后存货的保管还受人为和自然灾害等的影响。

2. 筹资风险

筹资风险是指企业满足经营活动、投资活动、资本结构调整和其他需要，通过一定的筹资渠道，筹措和获取资金，由于资金供需市场等内外部环境和条件的变化，给企业可持续经营带来不确定性。股权筹资一般只存在使用效益上的不确定，不存在还本付息的问题，而债务筹资是引发筹资风险的主要原因。借入资金严格规定了还款期限和利率，当资金收益率高于负债利率时，财务杠杆作用为正，能够优化资金的使用效益，促进企业的发展。反之为负，会对企业绩效造成负面影响。此外，资金使用、收回环节的合理安排与否也会影响企业的筹资风险，合理的资金调度管理，提高资金的使用效率，能节省资金占用成本，更好地为生产经营服务。

企业筹资结构的不合理会加大筹资风险。很多企业在创业时靠着一股创业冲动投入商海，缺乏前期规划和可行性分析，大多数人靠原始积累购置厂房、设备，对企业生产经营所需流动资金没有什么概念，流动资金基本靠银行贷款，更有甚者银行借款直接用于购置厂房、设备等长期资产造成短贷长用，当后续经营或融资渠道出现问题，极易造成流动性风险，使企业落入破产的深渊。

股权筹资与债务筹资结构不合理、长期筹资与短期筹资结构不合理是众多企业的现状。

3. 投资风险

企业投资的目的多种多样，有的是为了形成生产能力，获取经营利润，有的是为了实现多元化经营，分散风险，稳定收益来源，但无论出于哪种目的，都是在为企业谋发展、谋出路。然而，投资是有风险的，项目并不都能按照原有预期进行，从而使得企业的盈利能力和偿债能力存在不确定性。

在主业发展遇到瓶颈或看到某些行业具有投资前景时，盲目地进行跨产业经营，分散了企业资源，加大了管理难度，由于部分投资缺少事前的科学规划以及项目的可行性分析或没有专业人才实施，造成投资失误频繁发生，最终导致投资失败。实际操作中也存在项目投入时可行性分析和研究都很周密，但由于市场可替代产品问世，导致企业产成品滞销，无法产生稳定的现金流用于覆盖前期投资和用于再生产，从而引发财务风险。

三、企业财务风险的成因

（一）财务风险管理意识淡薄

与欧美资本主义国家相比，我国的财务风险管理起步较晚，许多企业的管理者并不重视财务工作，从而也忽视了财务风险的存在，在经营、筹资、投资的过程中缺少全方位考虑，给企业增加了财务风险爆发的不确定性。而财务人员自身对财务风险的认识也比较浅薄，不是只要管理和利用好资金，资金没出问题就没有财务风险了。

（二）财务风险管理制度不完善

财务风险是客观存在的，只要有财务活动，就必然存在财务风险。现代企业在制度建设中一般都会加入财务管理制度，但是基本形同虚设，缺少与其他制度的衔接，财务人员往往闭门造车，建立不了系统性的财务风险管理体系，缺乏对财务风险的识别、分析和应对，无法正确做出财务预警和风险提示，无法达到风险防范和规避的目的。具体表现为以下几个方面：一是制度缺失，企业生产经营的全过程存在着很多环节，为使制度便于实施，仅对大方向进行规范，更多地依赖人的自觉性；二是制度过于机械，企业由于内外部因素综合作用下呈现不同的发展轨迹，而制度本身无法适时调整，无法做到全面监察；三是财务风险控制制度形同虚设，企业实际操作不按制度执行，各种风险频发。

（三）缺失财务风险管理专业人才

财务管理是一个复杂并且烦琐的过程，其中涉及许多需要财务人员了解和掌握的内容，这就对财务人员的综合素质有了新的要求。随着企业的进一步发展壮大，财务人员很快会发现目前掌握的专业知识和工作经验已经不能满足企业对管理人才的需求，而当发生这种情况时，企业管理者往往寻求外援，通过招聘等方式招收高学历人才，忽视了企业内部财务人员的培养。而招聘来的新人融入企业需要一个漫长的过程，其间由于经验的缺乏往往错漏频出。而财务人员仍然局限在记账、结账、报税的会计基础工作中，没有参与到企业的全面财务风险管理。

四、企业财务风险的防范及应对

在市场条件下，财务风险是客观存在的，企业不能一味地追求零风险，而是要均衡成本与效益，谋求最优。健全的制度规范、高效的机构设置、完备的系统支持、高素质的人员配置，都可以从一定程度上防范财务风险。

（一）强化企业财务风险控制制度建设

制度建设是企业管理中的一项长期任务。俗话说，没有规矩不成方圆，为了让企业有一个可持续发展的财务风险管理环境，首要任务就是完善企业财务风险控制制度，虽然现代企业管理都对财务管理制度有相应的要求，但是并没有与企业实际情况相结合，而是生搬硬套别人的模式，这种制度根本无法发挥出其应有的作用。

为了规避、预防和化解财务风险，促进企业的可持续发展，应使企业内控制度与财务管理制度相结合，为风险控制方案的有效执行提供制度保障。

一是建立岗位、部门、上下之间监督制约机制，财务人员按规章操作，不能流于形式，针对可能爆发风险的各个关键点，建立有效的风险检测系统，通过风险预警、风险识别、风险评估、风险报告等措施，全面防控财务风险。

二是建立风险准备金制度，这样在平时计提充分的准备金，在预计发生损失时可以用来以防不时之需，这样可以有效地弥补风险所带来的损失。

三是完善企业信用管理制度，既要注重对自己企业的信用维护，又要完善相关企业信用管理体系。

四是建立财务风险预警制度，一旦发现经营异常，及时分析、制订有效方案并执行相关措施。

五是建立财务风险考核奖惩制度，结合财务风险管理中的责任，定期考核评价。

（二）调整企业组织框架

企业组织结构建设的好坏直接影响企业的经营成果及控制效果。为更好地对财务风险进行管理，应建立财务风险管理组织框架，在董事会下增设财务风险管理委员会并给予其相应的权力和责任，其主要职能是负责企业的全面风险管理，对企业的整体风险全盘掌控，指导下设的风险管理部和内部审计部工作。风险管理部负责具体内控制度的执行，并对内控制度实行过程全程监控，对发现的风险进行预测和控制。和风险管理部相比，内部审计部的职能更多地体现在事后控制上，对已经发生的业务查错防弊，但随着企业的发展，内部审计部的职能需要向前延伸，这样可以很好地和风险管理部的工作相互衔接，使企业财务风险管理形成一个事前、事中、事后三级防控的闭环。

（三）建立财务风险预警系统

企业的财务风险预警系统是从财务角度制定的，以企业的财务报表以及其他辅助材料为基础，运用比率、比较、因素分析等方法，综合分析企业的营运能力、偿债能力、盈利能力和发展能力，及时发现企业经营中各种不安定因素，在危机发生之前对管理者进行警示，督促管理者快速制定相对应的措施来避免潜在的危机变成事实。

营运能力分析针对资产的运用和循环的效率分析，资金周转越快，说明企业的资金管理水平越高，资金利用效率越高，企业可以以较少的投入获得较大的收益，主要测算应收账款周转率等指标。偿债能力分析顾名思义就是对企业偿还本身所欠债务的能力分析，主要对短期偿债能力和长期偿债能力进行分析,流动比率、速动比率、现金比率用于核算短期偿债能力,资产负债率、产权比率和利息保障倍数用于核算长期偿债能力。盈利能力分析主要核算销售毛利率、销售净利率和净资产收益率。发展能力分析主要核算销售增长率、总资产增长率、营业利润增长率。现金流量分析是对企业获取现金能力和收益质量进行分析。

(四)增强财务风险防范意识

企业财务风险作用于企业,主要表现为企业资产流动性下降、经营资金不足、资产负债率过高、债务负担过重及盈利能力下降等,这些问题都和财务人员的财务管理工作直接相关,提高财务人员的财务风险认知是财务风险防范的基本保证。在日常生活中应居安思危,树立风险观念,强化风险意识。具体来说,企业财务人员平时工作时应时刻保持谨慎性,现在互联网信息已经很发达了,可以通过网络多了解一下财务风险相关常识,提高风险价值观,再定期聘请一些财务风险管理方面的老师来进行培训,提高员工的综合素质和业务能力,使员工能熟练运用学到的财务管理知识。适当的时候招聘一些具有财务风险管理经验的优秀人才,相互监督,共同提高风险管理水平。

(五)完善资本结构

企业需要警惕资本市场的变化,重视资本结构的合理性,保证负债规模与企业经营需求相匹配。

首先,适度控制负债规模。适度的负债可以降低企业税负率的同时帮助企业腾出更多的自有资金用于扩大再生产或寻找新的投资方向,但也增加了企业的财务风险。当行业不景气时应降低负债额度,避免收益减少而负债压力过大。

其次,合理安排长期负债与短期负债,制造型企业拥有大量固定资产比较适用长期负债,而高新企业利润率高,周转速度快,适合短期负债。

最后,资金筹集量与需求量匹配。根据企业实际情况,结合行业分析以及市场前景分析,做好合理预算,完成事前规划和预测,对预算实行事中控制,计划好各环节的资金投放,一旦发现问题,及时采取措施予以解决,防范风险的同时提高资金的使用效率。

面对复杂多变的市场经济,企业加强财务风险管理尤为重要。通过对财务风险的识别和应对,有利于创造一个相对安全的生产经营环境,从而拉开与其他同类型企业的差距。

第八章 智能财务的实践

第一节 人工智能背景下证券公司财务管理

　　随着我国社会经济发展水平的不断提升,现阶段我国的证券业迎来了较好的发展契机,并且在我国的市场经济活动中占据了非常重要的地位。而对于证券公司来说,要想更好地实现可持续发展,提高公司运营过程中的经济效益,就必须在日常的管理过程中做好相应的财务管理工作。在人工智能的背景下能否充分地运用人工智能技术与证券公司的市场竞争力有着密切联系,所以为了更好地提高证券公司的核心竞争力,公司内部负责财务管理工作的有关工作人员,就必须把握好人工智能的发展对证券公司财务管理工作提出的全新要求,并且以此为基础推动证券公司财务管理工作的转型发展。

一、证券公司财务管理工作的意义

(一)可以更好地为企业决策提供数据支持

　　企业在发展的过程中,要想保证长期处于市场优势地位以及实现对于企业内部运营成本的有效控制,就必须保障公司运行过程中可以做出正确的企业运营决策。而企业内部开展的财务管理工作就是可以辅助企业管理层做出正确决策的关键,特别是对于证券公司来说,在公司日常运营过程中决策是否正确有着非常深远的影响。证券公司内部的资产规模和自身的主营业务很容易根据市场实际情况的变化而改变,这些关键数据的波动对于证券公司的发展有着较大的影响。而如果证券公司内部负责财务管理工作的有关工作人员可以做好相应的数据分析工作,就可及时地根据市场信息的变化,制定出科学合理的策略。同时帮助证券公司的管理人员更加准确地把握公司在运行过程中存在的优势和不足,有效地提高企业的核心竞争力。

(二)为证券公司内部的日常管理工作提供了充实保障

　　从我国当前证券公司运营的实际情况来看,大多数证券公司都规模较大,不仅拥有着较多的工作人员,同时内部还涉及非常复杂的业务信息。要想保障企业的可持续发展,就必须做好相应的财务管理工作,分析出各项财务数据背后的本质,帮助企业制定出更加科学合理的日常管理应用策略。同时对于现有的管理模式进行调整和优化。确保证券公司的发展战略和社会的实际需求相匹配,提高证券公司的核心竞争力。

（三）帮助证券公司的股东更好地实现对企业经营者的监督

在我国国内的证券公司中，公司的所有权和公司的经营管理权之间往往是分离的，负责证券公司日常经营管理的有关管理人员往往不是公司的实际股东。这种情况的存在就很容易导致公司的股东很难及时地把握好证券公司内部生产经营的实际情况，无法实现对于企业经营者的监督活动。而通过证券公司内部开展的财务管理工作就可以帮助证券公司的股东把握好公司在运营过程中的各项财务细节，使得证券公司的股东可以通过财务管理工作对公司的经营者实行全面的监督，保证证券公司的可持续发展。

（四）帮助证券公司更好地实现收益和风险的平衡

证券公司和其他的普通公司相比，存在的最大特点就是证券公司在实际运营的过程中往往具备更高的风险系数。所以对于证券公司的管理者来说，如何在日常的经营管理工作中实现公司的收益和管理工作之间的平衡，是企业发展扩张过程中的最大难题。而在证券公司内部开展的财务管理工作就是可以有效帮助证券公司平衡收益和风险的手段。通过财务管理工作可以让公司的管理层对于公司内部现有的资源进行调整和平衡，在保证证券公司整体资产风险处于可控水平的前提下，最大限度地提高证券公司的收益，保证证券公司资产的安全性。

二、当前证券公司财务管理工作中存在的问题

（一）对于各项财务数据的统计精细化不足

从当前我国证券公司财务管理工作的实际情况来看，在许多证券公司开展的财务管理工作中都存在着对于各项数据统计精细化不足的问题。证券公司内部开展的数据统计工作不仅对于公司自身的发展有着非常重要的意义，同时还影响到了证券公司在社会中的商业信誉。所以证券公司必须在日常的财务数据统计过程中做好相应的精细化管理。但是当前我国的许多证券公司在开展日常的财务数据统计时，往往只是简单地按照工作流程进行数据的统计，并不会对于现有的统计工作模式进行创新和优化，整体工作存在着精细化不足的问题。

（二）缺乏完善的财务管理体系

随着证券公司发展规模不断扩大，证券公司内部的组织架构和管理模式也产生了巨大的变化。在许多证券公司中不同的部门都设立了独立的财务体系，并且采取不同的财务管理方法开展日常的财务管理工作。这种情况就会使得公司内部的财务组织结构存在不统一的问题，并且机构较为分散不仅影响了企业的运营成本，同时也不利于利用财务管理工作推动企业的可持续发展。许多企业在日常的财务管理工作中往往都过于重视对于各项财务数据的会计核算工作，忽视了综合化的财务管理，使得财务管理工作的作用无法充分发挥，不利于证券公司的可持续发展。

（三）缺乏完善的监督制度

许多证券公司内部都存在缺乏完善内部监督制度的问题，部分企业在人工智能高速发展的背景下，并没有利用好信息技术工具来开展日常的监督管理工作。仍然只是简单地通过人工手段来进行有关的监管活动，这就很容易出现监管信息不对称的情况。甚至还存在着部分财务管理人员挪用资金进行个人投资的情况，不仅极大地影响了证券公司财产的安全性，同时也不利于证券公司的可持续发展。

（四）部分财务管理人员的综合素质能力难以满足实际需求

人才是保障企业实现可持续发展的关键，为了保证证券公司财务管理工作的工作质量，就必须建立起高素质的财务管理工作队伍。但是从当前我国部分证券公司发展的实际情况来看，许多证券公司中都存在着财务管理工作者的个人综合素质难以满足公司发展实际需求的情况。特别是在信息技术高速发展的当下，证券公司中开展的财务管理工作逐渐地借助各种信息技术工具进行，在这样的环境下部分缺乏信息技术设备操作能力的财务管理人员很难发挥出信息技术的优势开展财务管理工作，不仅不利于证券公司财务管理工作的转型升级，同时对于证券公司自身的可持续发展也有不利影响。

三、人工智能对证券公司财务管理工作的影响

（一）提高了财务管理工作的效率

对于证券公司中从事财务管理工作的有关工作人员来说，在日常工作的过程中是需要承受非常大的工作压力的，因为随着证券公司规模的不断扩大，公司在日常运行的过程中所涉及的财务数据的总量和复杂程度也开始上升。在这样的背景下，财务管理工作人员就需要在固定的时间内处理大量的财务数据，整体的工作效率处于较低的水平。而随着人工智能技术在证券公司财务管理工作中的应用，负责财务管理工作的有关工作人员就可以在更短的时间内通过财务管理工具高效完成工作，缓解了财务管理工作人员的工作压力。

（二）推动了财务管理工作人员的转型发展

随着人工智能技术在证券公司财务管理工作中的应用，许多财务管理机器人逐渐地成为证券公司中开展财务管理工作的主要工具。并且在人工智能高速发展的背景下，各种日常进行的具有较强重复性的工作都可以通过人工智能的方式完成，并且日常工作过程中涉及的票据核算，也可通过账务管理系统自动开展相应的数据运算，同时还可高效地完成后续的表格制作和纳税申报等工作。所以通过人工智能技术的应用，许多从事财务管理工作的工作人员就可以从各类低附加值的财务管理工作中解脱出来，进行各种更加具有挑战性以及复杂程度更高的财务管理活动，更好地推动财务管理工作人员实现转型发展。

(三)提高了日常财务管理工作过程中信息的质量

证券公司中财务管理工作所涉及的有关财务会计信息的质量对于公司整体的运行都有着较大的影响,为了充分地利用财务管理工作推动公司的发展和进步,就应当在开展日常的财务管理工作时采取合适的手段不断地推动财务管理会计信息质量的提升。而通过人工智能技术在财务管理工作中的实际应用,就可以有效地减少财务管理工作过程中,因为数据运算错误导致的会计信息失真。同时各种财务机器人也会严格地遵循提前设计好的程序完成相应的财务工作,有效地避免了财务管理工作人员个人情绪影响会计信息质量的情况,确保了日常财务管理工作过程中会计信息的质量。

(四)人工智能背景下证券公司财务管理工作的转型策略

1. 进一步加强财务管理工作过程中的信息化建设

为了更好地在人工智能背景下发挥出信息技术手段的优势,推动证券公司财务管理工作质量的提升,证券公司内部在开展日常的财务管理工作时,就应当进一步加强相应的信息化建设,在公司内部构建全新的信息化财务管理工作体系,更好地满足人工智能时代的实际需要。实际上在人工智能的背景下,如果只依赖于财务管理工作人员执行相应的财务管理,不仅会消耗大量的时间和精力,同时还很难取得良好的工作效果。因此,证券公司内部的财务管理工作就应当朝着信息化的方向发展,推动公司内部普通财务会计和管理会计的转型发展。利用好信息化工具,将公司运行过程中的各项细节信息进行筛选和分析,从而更好地将证券公司内部的财务状况进行全面的展示,同时为公司的管理人员提供更加全面的财务信息。

2. 发挥出管理会计的作用推动公司发展

在人工智能的背景下,证券公司中传统的单一化财务管理工作人员已经无法满足公司发展突破的实际需要。在证券公司中开展的财务管理分析工作,主要就是由财务管理人员针对公司内部的各项财务数据进行全面的分析,然后将数据背后蕴含的规律呈现给管理层,由管理层根据具体的财务数据进行相应的资源优化配置,提高证券公司整体的经济效益。而随着人工智能技术的高速发展,各种简单的财务报表数据分析工作以及背后规律的挖掘工作可以交由人工智能机器人实现,在这样的情况下,公司内部现有的财务会计人员就应当朝着管理会计的方向转型发展。并且财务人员也应当积极地参与到证券公司日常的管理和经营活动中,从而更加及时地把握好公司在实际运营过程中存在的各项不足,并且结合社会发展的实际情况,对企业的运行策略进行相应的调整和优化,提高证券公司的核心竞争力。

3. 培养高素质的综合型财务管理人员

在人工智能的背景下证券公司的财务管理工作要想实现转型发展,最为重要的就是需要打破传统的财务管理工作模式,同时对于公司内部的财务管理工作人员提出全新的要求,推动财务管理人员实现个人综合素质的提升。在这一过程中公司内部应当积极地推动现有的财务管理工作人员参加各种专业化的培训活动,从而提高财务管理工作人员的个人综合素质和专业技能水平。同时公司还应当积极地引进各种对于人工智能技术和信息技术了解颇深的新型财务管理工作人员,由这些财务管理工作人员带领公司中的其他财务管理工作人员共同完成相应的财务管理工作,更好地在人工智能背景下推动证券公司财务管理工作整体转型发展。

4. 建立完善的信息化财务监督机制

为了更好地利用财务管理工作推动证券公司整体经济效益的提升,在证券公司内部应当建设信息化的财务监督机制,通过信息技术工具对于财务管理工作人员的有关工作进行实时监督。同时提前设定好相应的人工智能程序,确保一旦财务管理工作人员做出了违背公司规定的行为,人工智能程序可以及时地进行制止并且加以处理,保证证券公司的财务管理工作可以长时间地合规运行。

随着科学技术的高速发展,在当前时期人工智能技术已经成为社会各行各业发展的重要技术。作为证券公司的管理人员,必须认识到人工智能技术对证券公司财务管理工作产生的巨大影响。同时在日常的工作过程中积极地推动财务管理工作朝着信息化的方向发展转变,利用好各种信息化工具,有效地提升证券公司整体的核心竞争力。

第二节　行政事业单位的财务管理智能化

数字化的今天,数据已经成为时代发展的驱动力,而财务作为天然的数据掌控者,不再是单纯录入数据、机械地核算和搬运各种数据,而是在收集基础数据后,对数据进行整理再加工,创造有价值的数据,为单位的业务发展提供更多、更优质的服务。这种思维的变革,加快了业财融合,带来了财务管理模式向数字化的转变。

一、行政事业单位业财融合概述

(一)行政事业单位业财融合的背景

2014年10月财政部发布的《关于全面推进管理会计体系建设的指导意见》指出,业财融合属于单位内部管理的一项工作,是打通单位财务和业务活动信息通道,利用集成的信息进行发展规划、业务决策、风险管控以及绩效评价的活动。2016年6月发布的《管理会计基本指引》中进一步强调了业财融合中的融合性,要求单位将财务管理的工作嵌入日常工作流程中,以业务流程为基础,适当利用财务管理的方法实现财务和业务的有机融合。2018年12月份发布的《管理会计应用指引803号——行政事业单位》规定,"行政事业单位应利用有效的信息技术手段……实施预算和绩效管理一体化,促进业务系统和财务系统的有机融合"。五年里财政部三次对业财融合进行重述,充分体现了在目前数字经济时代大背景下应运而生的时代产物的重要性和趋势性。业财融合可以提高单位的创造价值和财务管理效率,在单位财务管理中越来越受重视。

（二）业财融合的概念

从字面上理解，业财融合就是业务和财务的融合，是近几年基于实践发展所形成的一种理念、一种思维方式，主要是运用业务和财务之间的协作关系和制衡关系提高单位管理业务活动。财务通过融合各平台信息建设的有效数据分析业务经济活动，用财务管理的手段作用于业务发展，同时对业务发展和资源合理配置进行监督管控。业财融合给财务带来的主要变化就是能够"跳出财务看财务，回到财务做财务"。具体来说，就是当业务需要数据决策时，财务可以结合业务活动，跳出财务思维和视角分析财务数据；回到财务岗位时，有扎实的专业财务能力做好财务基本核算工作，包括基本数据录入、计算、整理。

（三）行政事业单位业财融合的重要性

业财融合是行政事业单位财务管理模式由传统型向数字型转变的转折点，是优化内部控制体系建设的创新思路，是行政事业单位流程再造的一次重要变革。业财融合有利于优化业务部门和财务部门之间的信息沟通，有利于跟踪业务全流程的动态变化，优化内部控制的执行、监督过程，有利于从财务角度向业务层面纵向深入，全方位评估业务流程的风险点。

（四）财务部门如何实现为业务部门和事业发展服务

1. 理念的融合

财务人员和业务人员需要在意识形态上达成统一，加强同理心和换位思考，增强沟通交流，相互理解。财务部门通过财务数据分析来为业务出谋划策，加强财务对业务的引导和决策管理功能，从财务角度服务于本单位的行政事业工作发展。业务部门也要意识到财务风险管控的必要，配合财务部门做好项目任务分解，细化采购，确定采购方式和采购周期等，运用财务数据分析做好业务开展的参考。

2. 能力的融合

数字时代的高速发展，使简单有规律的重复数据输入劳动终将被人工智能取代，财务人必须有居安思危的意识，不断提升财务专业能力，提高财务工作价值。与业务部门沟通时要学会用非财务人员能听懂的简洁、通俗的语言，而不是用会计语言宣传财务思维和知识，更不要用专业语言向领导汇报。用业务语言进行财务管理，为业务部门带来工作便利，为业务部门做好服务，支撑本单位行政事业职能和工作目标实现。

3. 数据的融合

财务信息中心的数据需要建立在财务和业务活动的数据基础上，嵌入政府会计准则、内控制度和单位业务活动相关的规章制度，对接OA办公、人事薪酬管理、财务报销管理、发票管理、银行结算、预算控制、合同管理、资产管理、第三方平台（例如顺丰、京东）等系统，将人、财、物全方位管理和服务平台全面覆盖，实现信息共享、流程共享、业务透明。通过数据资源整合，集中挖掘有价值的数据，读懂数据背后对应的业务，实时反映业务活动并提供更好的决策支持。

二、业财融合下行政事业单位财务管理的现状

（一）财务核算自动化程度低

现阶段，行政事业单位财务核算自动化程度不高，业务数据处理方面缺乏系统支持，不能更好地通过各系统数据的交互共享实现互联互通，而只能在单位端财务系统上操作，数据虽然表面上实现了从手工到计算机上的迁移，但是依旧没有经过分析挖掘，发挥不了为业务所用的价值。其结果是业务想查数据查不了或者不准确，只能通过财务人员从系统中导出数据，耗时耗力。

（二）财务组织流程不合理

对于现阶段财务报销单据的线下审核审批流程，存在诸多不合理现象，经常会出现员工越级审批，或者报销人员整日奔波在找各级领导签字的路上，或者某级领导不在又着急支付，财务被动审核，或者报销后附单据缺东少西，多次审核，办事效率低，同时手工报销单据存在大量需要计算的数据信息，靠手工填写出现错误的概率很高，使得后期财务审核需要耗费大量时间去核实数据与流程。最重要的是业务部门需要收支余数据时，财务部门无法及时提供有效数据，需要在与银行对完账的情况下，按预算细化项目的支出进行每笔的核对，花时间花精力，财务和业务均无法第一时间获得预算资金项目余额的数据。业务抱怨财务只会拿各种规章为难，财务苦恼出力不讨好。

鉴于目前的财务工作模式，在组织流程上，大多数行政事业单位缺少业务财务、战略财务和共享财务，财务内部岗位与业务分离，关注于专业财务，轮岗制度形同虚设，岗位工作形成惯性思维，缺少自主学习意识和创新能力，对业务流程了解片面，缺乏对单位发展战略的推动。

（三）信息系统相互独立，缺乏数据交互共享

行政事业单位多套信息系统和管理系统普遍应用，但又相互独立，数据的不对应也给业财融合带来难题。财务系统里的经营数据与业务系统里的数据统计口径不同，二者之间难以交互、对应。此外，财务部门根据财务数据分析业务活动，并对其他部门提出改进建议，但是其他部门由于种种原因未必接受，这些沟通不畅也是业财融合的阻力因素。

（四）财务工作思维方式亟待转变

财务管理工作的重心依旧在核算，处理单据、录入数据的基础工作占用了财务人员的绝大部分时间，财务人员没有更多的时间学习先进的信息化建设理念和模式并参与到业务中，了解业务流程，协助细化项目任务分解，梳理单位内部管理流程，不能从根本上解决"不融合"的问题，最终导致财务工作不能及时调整，依旧事后审核，风险管控和内控管理始终站在业务的末端。

三、业财融合背景下行政事业单位财务管理新模式的构建

（一）构建业财融合财务信息中心

现有的财务流程基础上，嵌入政府会计准则、单位财务内控制度、各类经济活动等规范化、标准化的相关制度规定，整合预算控制、资产管理、银行结算等系统，打通各系统数据通道，构建业财融合财务信息中心，打造高效的业务处理能力和满意的内部服务水平，优化资源配置。以一个完整的经济业务为例，需要经过预算编制、采购申请、合同签订、经费申请、发票开立、查验发票、资产办理、网上报销、银行支付结算、会计核算、预算控制，各个环节相互融合，互相制衡，互相牵制，业务经办与稽核检查分离，授权批准与监督检查分离，形成由预算再到预算的内控闭合管理。

财务数据共享带来了财务管理模式的转型和效率的提升，使财务工作更加透明化、标准化、流程化。财务从审核到入账、付款的整个流程清晰地展示，原始发票、合同、采购申请、资产管理等通过电子形式上传为附件，项目负责人直接查询项目支出情况及流程处理，附件随时打印查看，既减少了财务人员的工作量，又缓和了财务与业务的工作摩擦。

（二）财务组织流程再造

财务数据共享的信息中心在于财务网上报销系统的上线，它的推行不仅完善了单位的内部控制，而且实现了财务组织流程再造与持续优化，极大地提高了员工满意度，也提升了财务形象。通过预设流程，报销单据按照规定的合理流程逐级审批，审核会计也不需要将精力过多地投入到流程检查中。审批时效的加快，使得原本需要数周的报销周期大大缩短。员工填写单据只需要进行简单的选择，很多数据在系统中自动完成计算，降低了出错概率。利用高效的财务数据共享工作能力，提供一致、可靠和低成本的服务，提供了实时满足业务需要的财务数据。

建立健全财务人员轮岗制度，提高财务人员对其他部门业务流程的了解，培养财务人员的创新能力，通过培训和激励制度增强财务人员自主学习意识、居安思危意识。有数据统计，未来3~5年，75%的财务工作将被人工智能所取代。因此，现阶段的财务人员，表格做得再好，核算再准确，也只是一个合格的"账房先生"，被淘汰的风险还是很大。德勤的财务机器人"小勤人"，替代会计的手工操作、录入信息、合并数据、汇总统计，几分钟就能完成财务几十分钟才能完成的基础工作，实时管理和监控各自动化财务流程，识别财务流程中的优化点，最关键的是能够不间断工作。知乎上有一个比较火的问答："财务人员终会去向哪里？"其中一个高赞回答是："铁打的营盘流水的兵。在这个时代，你的工作会背叛你，你的行业会背叛你，唯一不能背叛你的，是你的认知、你的核心竞争力。"所以，财务人员的价值体现需要转变财务思维，加强学习，做有创造性的数据分析工作，为业务所用。

（三）推进信息数据融合互通

构建业财融合财务信息中心，打通各系统数据通道，推进信息数据融合互通。业务部门填制报销单据，简化了计算过程，个税、差旅补助等由系统直接计算，发票、查验真伪直接从税务系统导出，合同系统勾选对应，合同支付进度、采购周期均通过系统反馈提示信息。减少了业务部门低技术含量的重复劳动，根据以往需求引入大量资金报表，获取资金支出数据，通过嵌入预算系统的支出细化，可以实时得到预算项目的余额并能够根据需要进行预算控制，各项目预算执行情况一键获取，实现预算控制的同时也为业务部门进行财务分析提供了有力的数据支持；单据的查询功能使得内部复核和外部审计更为简便，复核和审计人员可以轻松地查询到单据的整个业务痕迹，处理过程简单化、标准化，提高了业务效率。财务部门利用这些数据提供及时分析并应用于财务内部的管理过程，促进了业财融合，体现了财务价值。同时考虑到管理层业务处理的实际情况，实现移动端信息处理成为业财融合技术平台的重要要求。管理层决策的节奏加快，也直接要求业务财务对数据的处理、分析和披露具有更高的及时性，甚至是实时性。

（四）财务管理重心从核算反映转向决策支持

财务组织流程的完善再造，财务信息中心的构建，使财务管理的重心从核算反映转向决策支持，财务管理越来越精细化、科学化、标准化、系统化和流程化。财务管理细化为专业财务管理、业务财务管理、战略财务管理，扩大财务管理范围，明确财务管理目标，筛选加工财务数据，分析业务经济活动，加强财务分析和数据转化，监督参与业务部门项目计划，根据采购进度、合同要求合理安排预算资金，防止出现资金支付前松后紧的情况，监控项目预算执行，防控易发风险点，用数据融合，用数据说话，用数据服务，对业务部门提出合理化建议，为事业发展提供有效的决策支持。

数字化经济时代的到来，让业财融合成为财务管理的新模式，成为财务行业未来的发展趋势。

第三节　互联网下金融企业财务管理

中国是世界上重要的经济体之一。重要的体制改革和全球互联网金融趋势的兴起都受到世界关注，中国的金融改革都伴随着中国的其他改革。中国的金融改革引起了全世界的广泛关注。利用互联网金融解决企业融资问题已成为一条便捷的途径。互联网金融的发展是不可阻挡的。越来越多的人开始将传统的金融模式与互联网技术相结合，并出现了许多新的金融模型。因此，虽然互联网金融的改善需要一段时间，但已经逐步成为金融发展的重点，并不断改变着人们的生活。怎样在网络信息财务管理方面取得发展是企业前进的重要方向，也是企业需要面对的课题。

一、互联网金融的相关概念

（一）互联网金融概念

互联网金融包括 P2P 互联网贷款，第三方支付以及众筹等新的金融模型。互联网金融的概念，在上述金融模型中，不仅包括金融网络化，还包括传统金融机构以电话银行、手机银行、网上银行等形式实现资金流动和其他结算业务。这种交易结算方式可以突破时间和地点的限制，提高资金利用水平，加快资金流动，促进经济快速增长。

（二）互联网金融对企业财务管理的影响

互联网是互联网金融的载体，对企业的财务管理产生了很大的影响。在互联网的背景下，企业财务管理有三个主要特征。首先，利用广泛的信息网络来降低成本，提高经济效益。其次，它涵盖了广泛的区域，其中可以使用不同的区域作为参考。最后，大小企业可以在线交流和合作，既可以增加机遇，也可以增加挑战。

互联网金融是一种新的金融业务模式，它通过单一支付各种服务直接受到财务管理模式变化的影响。但影响是双重的。虽然传统金融体系的财务功能不断改善，但它无法改变传统金融体系的缺陷。因此，必须深刻了解其影响，以便得到相应的对策。

二、互联网金融对企业财务管理的影响

（一）互联网金融对企业财务管理的积极影响

1. 促使企业财务管理更为主动

随着互联网金融的推广，企业的财务管理不再是传统金融体系的被动形式，可以被互联网金融打破。新的财务管理工具，使用"线上服务"和其他方法，快速响应财务管理功能，对在线业务模式的处理时间和效率有着显著改善。

2. 增加了金融融资方式

在网络融资下，聚集更多闲散资金将提高资金利用率，实现双赢，打破现有金融机构的限制，改善企业资金获取难度，完善过去的金融贷款渠道，改变渠道单一问题，充分满足更多客户群体的财务需求。

3. 有效降低中小企业的融资难度

互联网金融依靠新型的计算机技术，如大数据。它可以充分利用客户信息进行挖掘。客户可以进一步简化贷款程序，提高信用评估能力。中小企业信用贷款更方便。为多中心企业贷款提供机会，贷款时间大大减少，企业财务管理有效，大大节省了时间。

（二）互联网金融影响下企业财务管理存在的问题

1. 财务制度与内控体系不合理

通过日常运营管理，一些企业对互联网金融给信息技术带来的财务管理问题仍然缺乏理解。传统财务管理理念和方法的应用不适用新时期财务管理的要求。此外，管理层不重视财务管理，财务管理缺乏正规化，不科学的现金流管理，业务活动的发展资金周转率不高，资金有效利用率低等问题对经济效益的提高造成不利影响。与此同时，一些金融企业在网络时代并未准确了解自身的业务特征，也未构建新的金融体系和内部控制体系。因此，企业的金融体系是非标准化的，并且存在漏洞。部门的建立是明显的重业务、轻金融特点。内部流动性采取不科学的分配和应用。大量内部资产已经丢失，资金链被打破，导致出现财务风险问题。

2. 财务工作流程有待完善

财务管理流程是否科学合理是非常重要的。一些互联网金融企业仍然采用过去的财务流程，造成延迟财务信息数据，从而无法实现高准确性和相关性。各阶段财务管理的具体情况不能完全掌握，难以对各种业务活动进行实时监控。不完善的财务工作流程将影响网络时代信息技术的优势，不利于提高财务信息管理水平。同时，网络的作用，金融企业和科学技术的不断应用，财务管理信息数据的不断增加，开放的网络环境，不完善的信息服务系统，外部自由登记等，存在极大的安全问题，可能导致重要的财务数据泄露、篡改、会计信息失真等问题。在网络运行环境中，计算机系统容易被病毒入侵，安全性有待提升，造成财务数据丢失、外泄等情况经常发生，资金流失量大，对业务活动秩序的影响也较大，带来大量的经济损失。

3. 财务监管体系不够健全

虽然互联网金融发展迅速，但它毕竟属于新的金融商业模式。自身发展还处于不成熟时期，企业内部财务管理业务不能顺利进行。另外，由于外部市场的金融监管不完善，企业难以全面管理业务和资产，导致现金流管理现状混乱，尤其是优化资金的分配和利用方面。最终，它导致企业资本周转困难，企业资本链和供应链破坏的风险增加，以及企业核心资本的进一步损失。金融企业的经营环境变得越来越复杂。财务管理涉及很多方面，难度系数明显增加。互联网金融对企业金融风险能力的部分限制是不充分的。因此，利用信息技术的优势，提供动态的监督和运行环境，而财务动态管理是非常复杂的。互联网金融形势没有得到正确把握，导致企业收支不平衡，财务管理能力较低。

4. 财务管理人员整体素质有待于提升

由于互联网的作用，金融企业的财务管理要求变得更加严格，财务管理者必须具备更高的综合能力。一些互联网金融企业专注于开展业务活动和提高经济效益，缺乏培训财务经理的能力。一些财务管理人员需要掌握必要的网络财务管理知识，而实际上大部分人员没有技能和技术，不知道最新的企业财务管理法律法规，计算机系统的运作不规范，这些均导致安全问题，造成财务信息和其他数据处理能力不高，信息技术在财务管理中未发挥具体作用，影响内部资金的分配、管理和应用，财务管理效果不好。互联网金融需要使用互联网平台,因此财务经理不仅应具备金融知识,还应具备数据处理和分析技术等互联网知识。传统金融业的财务管理者显然没有这样的综合素质,需要进一步完善。

三、互联网金融对企业财务管理问题的应对策略

(一)优化财务制度与内控体系

通过经营管理,互联网金融企业应立身于自身战略发展,从实际出发,全面考虑、深刻理解财务管理,知道财务管理存在的不足。互联网金融企业紧紧抓住金融市场的变化,从网络的角度,深入挖掘功能定位、部门设置、人员配置等环节,深化其业务需求,围绕业务规模,开展符合科学的财务管理活动。加强财务管理,业务发展,必须保证足够的资金。在此过程中,提高互联网金融企业的财务管理水平需要重要的系统和内部控制系统。根据互联网金融的具体特点,互联网金融企业采用多个层次,把握业务发展模式,重视内部财务制度和内部控制制度,必须全面提升深化财务管理内部控制,加强相关部门的合理设置,明确金融监管的功能和制约机制,提高财务管理水平。充分发挥财务信息管理的作用,从根本上将财务成本控制在最低水平,提高流动性资金的使用效率,以提高其业务能力。

(二)深化财务工作流程

在互联网的作用下,金融企业的财务管理是一个系统工程,实现财务管理信息化是一个更大的挑战,这与提高金融企业的核心竞争力有关。在财务管理过程中,互联网金融企业高度重视深化金融运作流程,发挥互联网金融业务特点,制定财务运作流程,优化财务管理与业务活动的整合,实现金融业务一体化。内部资源的所有方面都需要得到有效利用,予以更多的保证。互联网金融企业总是有自己的经营条件和动态变化的环境,掌握计算机技术,巧妙运用网络的作用,随时传递大量的财务信息数据,共享业务活动、资金流动、客观内容,应对财务运作过程,更加优化事前、事中、事后三个方面,财务管理应在各个环节进行科学控制,保障内部资金流动和信息流动顺畅,金融业务的金融一体化应提高整体管理水平。利用网络财务管理基本内容、互联网金融时代的创新促进企业财务管理水平的全面提升,推动财务管理模式的不断创新。

(三)强化财务监管体系

在财务管理过程中有效管理财务风险非常重要。从利益出发,利用信息技术、金融风险管理系统、金融风险预警系统及相关模块,巧妙降低互联网金融企业的金融风险,构建科学的互联网金融业务切入,深化金融风险测量模型相互作用控制产生的财务风险,如资金管理风险和交付风险。继续动态监控操作风险。在此过程中,构建互联网金融企业的金融风险管理系统,利用金融风险管理的重要环节,准确发现薄弱环节,提高管理能力,科学制订计划,优化资金流动,促进内部资金的最大化利用。加强互联网金融企业财务管理风险防范能力。风险控制是企业财务管理的永恒话题。在互联网金融下,企业必须更加关注企业的财务风险。企业财务经理应事先预测,事后控制、监督,不断完善风险防范体系,定期检查和监

督财务，及时处理发现的问题。同时，作为互联网大数据发展的一部分，我们需要不断完善财务计划，进一步构建金融体系，逐步建立互联网金融企业的财务管理和网络控制。必须提高互联网金融企业的金融风险预警系统和各种金融风险的客观评价能力。大量金融信息数据的处理，能够在降低金融风险的同时提高整个财务管理的质量。

（四）提高财务管理人员综合素质

在财务管理过程中，互联网金融企业的财务管理者需要增强他们的知识储备，成为深化教育系统的人才。企业定期组织财务经理的网络财务管理法律法规培训，学习理论知识和计算机知识，建立全面的知识体系。一个坚实的财务管理者必须具备财务管理知识和网络知识。在此过程中，总结互联网金融企业财务管理的经验教训。互联网金融业处于领先地位，开展了各种形式的培训活动。各级财务经理的参与，利用财务管理系统的设备，使网络财务管理知识得以标准化，并对高级财务数据进行分析和整合。加强企业财务管理人员的能力培训，提升财务管理人员信息处理和化解财务风险的能力。互联网金融作为一种新的金融商业模式，其良好的发展离不开专家的支持。这要求企业不断加强财务管理团队的培训，积极建立具有较强专业能力和信息技术知识的财务管理团队。

在日常经营管理中，通过全面客观地分析，应在满足需求的基础上提高财务管理能力和降低各类财务风险。对客户有效控制内部资金的利用，提高财务管理的效率和质量。必须具备强大的业务能力。也就是说，网络的快速发展使得经济增长更加依赖于信息网络。此时，企业有必要积极地将网络技术与企业的财务管理业务相结合，正确认识到自身在整合过程中的不足并加以纠正。同时，加强财务管理团队培训，强化企业财务风险管理能力，构建完整的财务管理体系，在大型数据平台的基础上，统一财务管理的创新和控制，全面提高企业财务管理水平。此后，随着国民经济的稳步发展，我们可以实现可持续发展，更好地走信息化发展之路。

第四节　高校智能财务管理

近年来智能化在各行业各领域不断发展，高校的财务管理智能化推进工作也在进行尝试。为推动高校财务管理智能化进一步发展，需要对高校财务管理智能化相关问题进行深入的探索和研究。

一、高校财务管理智能化的重要性

（一）高校管理水平提升的需要

智能化应用在高校财务管理过程中，能够减少人工产生的错误，规范化的流程能杜绝人为干预的可能，有效防止财务风险，保障高校日常工作的顺利进行，不断促进高校管理的规范化。

（二）高校财务管理工作效率提高的需要

随着高校的不断发展，财务工作量也日渐增长，这就对提高财务管理工作效率发起了挑战。而智能化的运用比传统人工处理模式更加快速、精准，在高校财务管理的部分工作中发挥出极大的优势，大大提高了财务管理工作的效率。

（三）提升服务质量的需要

高校财务服务于整个高校师生群体，学生缴费、教师报销等都离不开财务工作。智能化于高校财务管理的运用，将减少师生在财务环节占用的时间和精力，方便师生进行相关历史财务信息查阅，使缴费、报销更加方便快捷，提高师生的财务相关服务满意度。

（四）提高财务信息储存量及安全性的需要

传统的财务资料多以纸质形式存放于档案部门，一旦发生意外情况，所存放资料的信息将尽数湮灭，无迹可寻。通过智能化的运用，将财务资料以数据形式存储下来，可以大大增加财务信息存储量。通过备份形式存储的电子资料，即使原始资料意外损毁，也能通过电子资料查阅相关信息。

二、高校财务管理智能化现状及存在的问题

（一）校内外部系统整合问题

校内外部系统未能充分整合是各高校普遍存在的问题。校外与校内系统、学校内部各个部门的系统，甚至是学校财务部门内部系统的各模块相对孤立，各系统、模块集成化程度低、信息共享程度低，造成信息使用低效率。

（二）智能化技术应用问题

部分高校未能在财务管理工作的适当环节充分运用智能化技术。包括图像识别技术、大数据、机器学习等为代表的智能化技术，在财务管理过程中虽有可以应用的场景，但没有引入相应的技术而使部分环节仍沿用传统的工作模式，对财务管理工作者以及教职工等财务服务对象的人力、物力、财力造成一定程度的浪费。

（三）高校财务管理流程重塑问题

许多高校在智能化推进过程中，并未对原有的财务管理流程进行重新梳理，将财务管理流程重塑作为智能化财务管理推进的基础环节，而是保持原有的财务流程不变，对其中可以利用智能化优势的个别环节进行局部改造，就会制约智能化在高校财务管理中的进一步发展，以及难以实现教职工的部分合理需求，降低教职工的财务管理智能化体验。

（四）人员配备问题

学校资源向教学部门的大力度倾斜，使得财务管理智能化在学校各项工作中的重要性不够。财务及相关人员在思想上不够重视，存在因循守旧、不愿改革创新的消极态度，技术

方面存在对智能化了解不深入的问题,而对此项工作无从下手,再加上财务人员日常业务琐碎繁杂、人手不够、精力不足,导致高校财务管理智能化进程较慢。

三、高校财务管理智能化的目标及路径

（一）加强组织领导与宣传

智能化改革除了要过技术关,更要过思想关。学校要明确财务管理智能化推进工作的重要性,成立财务管理智能化推进工作领导小组、明确责任人,组织一批财务会计专业基础扎实、勇于创新、敢于担当的人员进行相关技能培训。高校财务管理智能化推行伊始,还需要加大财务管理智能化宣传,可以通过张贴海报、录制视频等方式,使广大教职工了解财务管理智能化的优势,为财务管理智能化的顺利推进打好群众基础。

（二）推进校内各系统整合

为提高各部门信息的使用效率、各部门办事效率,需要打通学校内部各部门系统、财务处内部各模块来实现信息即时共享。高校财务管理智能化的初步推进从学校内部与财务部门信息交互较多的部门展开,再扩展到其他有信息交互的相关部门,最终实现校内可共享信息全部共享。如财务处与教务部门、科研部门系统的联通,可以将教务系统的学生学籍、学分等信息、科研系统的科研经费详细信息推送至财务系统,实现学生学费缴纳、查询,科研经费查询及自动生成凭证。财务处内部各模块的互联互通,主要是通过增加各个模块间的逻辑关系来实现,如工资发放信息确定、学费收缴完成后自动生成凭证入账等。

（三）探索与学校外部系统交互方式

财务处与银行、教育厅、财政厅、税务局等机构存在较多信息交互,因此需要探索财务相关信息与学校外部系统的信息自动推送的途径。学校财务付款信息与银行信息的互通主要从两个方面进行:一是财务信息推送至银行作为付款指令,具体为将原有的银行网银页面手工录入付款信息的操作模式,替换为将财务系统与银行付款系统直连,付款信息由财务系统直接向银行付款系统推送,以减少人力劳动和杜绝人工转录出错的可能性。二是银行信息及时反馈归集到财务系统并自动制单,或根据银行相关信息提示对凭证进行确认或修改。学校财务信息与教育厅、财政厅、税务局的信息交互,主要是教育厅、财政厅、税务局结构化数据与学校财务系统结构化数据的互相推送。

（四）应用智能化技术

智能化技术应用于高校财务管理工作包括图像识别、大数据与机器学习。一是图像识别技术。图像识别技术可以应用于发票、收据等报销原始单据的识别、鉴别,自动提取所需信息并保存,如发票内容、金额、发票号码、付款账户名称、账号、开户行等,并自动通过发票信息比对鉴别发票真伪、防止电子发票重复报销。二是大数据与机器学习技术。大数据和机器学习技术可以应用于自动审核报销凭证。由于机器学习需要大量信息进行学习,因此,

在自动审核凭证流程中应用大数据和机器学习技术时应分阶段进行，初期在内置报销规则后以人工审核为初审，自动审核作为复审，通过一段时间机器对人工审核的深度学习，减少人工审核工作。

（五）重塑智能化背景下的财务管理流程

在财务管理智能化推进过程中，需要对原有的财务管理流程重新梳理，设计新的可以使智能化发挥出巨大威力的财务管理流程。一方面要集思广益打牢根基，通过寻求专业人士帮助、去先进单位考察等途径，结合学校实际对财务管理流程进行全盘考虑，完善现有的功能，提高信息使用效率，并为智能化未来发展预留新功能扩展的接口；另一方面要进行广泛调研，尊重财务管理工作人员、教职工及学生等财务服务对象的智能化构想及实际需求，从相关使用者需求入手，分析细化并融入智能化设计，在重视满足用户需求的基础上对财务管理流程进行重塑。

综上所述，通过加强组织领导与宣传、推进校内各系统整合、探索与学校外部系统的交互方式、应用智能化技术，以及重塑智能化背景下的财务管理流程的有力实施，将有利于各高校财务管理智能化推进工作。

第五节 智能化下医院财务档案管理

对于一些传统的医院来说，其在档案管理制度方面的主要问题体现在：查询的困难程度相对较大，且数据相对较散、容易丢失，其发展脚步落后于当今时代的发展。对于医疗以及相关科研工作来说，其相关工作的开展已经无法起到积极的作用。正是因为这样，下面将会对智能化档案管理的优势以及如何使用智能化档案进行分析。

一、智能化档案管理应用于医院的优势

智能化档案管理系统已经渐渐地开始推行，这是档案管理在发展过程当中的一次革命性的转变。从现代化的医院建设和与之伴随而来的发展过程来看，社会对于医疗机构的要求也开始逐渐走高。医院如果想要在市场当中获得较为明显的优势，就必须建立起与之相对应的和谐的社会关系。同时应当更为关注医患关系。

在这样的过程当中，档案管理也起到十分重要的作用。档案管理对医疗档案的发展起到直接影响。一直以来，我国很多医院在其发展过程当中采用一些传统方法以及部分传统的媒介作为档案的管理方向来对其进行管理。同时有些管理手法和管理方法依旧十分传统和落后。通常都是使用大量的纸质档案来对医疗档案进行记录和储存，这种方法存在明显缺陷。比如对于历史误诊记录来说，通常情况下的就诊记录都是比较分散的，同一个病患由于就诊的诊室以及医院或者就诊时间的差异，本应第一时间将所有就诊信息整合，这样可以

方便医生查看具体患者的病情。但是就实际的就诊记录而言,由于其记录的碎片化,也就导致了病患在实际的就医过程当中,无法通过科学的方法对自身病情进行良好的描述。同时,由于医生在实际的临床治疗过程当中可能会出现用药的习惯不同,就极有可能出现重复的检查和诊疗,进而导致医疗资源的极大浪费。当今医患关系十分紧张,社会对医院和医生普遍出现了信任程度较低的情况。档案管理的不完善也会引发患者的不满情绪,医患关系会进一步紧张和恶化。这将对社会造成极大的危害,也会造成不可挽回的损失。但是,在我们采用了相对科学的人性化的智能化档案管理之后,病患在看病过程当中所记录的病情和病史,以及其在整个城市当中所体现出来的就诊记录,就可以一应俱全地让医生查看。这样既节省了患者的检查费用,也节省了重复检查的时间,还可以避免因药物使用不当出现的危险。医生也可以将时间投入到对档案进行查找和审查的过程当中,也就可以使得就诊效率达到最大化。与此同时,使用更加先进的科学的手段,就可以更加清晰明确,且不易丧失一些病患在实际看病过程当中的资料。

二、医院如何实行智能化档案管理

(一)提高管理人员专业素质

医院应采取有效措施,一方面加大维护知识的普及力度,教育现有档案管理人员要有安全知识和责任心,在工资待遇上要像医院其他科室的工作人员一样对待,保证档案管理人员以积极负责的工作态度开展工作,另一方面也要做到从外部聘请专业的档案管理人才。利用他们的管理技术和责任感,不仅可以使档案的维护更高效,管理过程更加简洁,而且为档案管理系统的智能化和综合化应用奠定了基础。

(二)加大资金投入力度

考虑到运营成本的因素,一些医院在档案管理部门的投入很少,主要投资于可视医疗条件,如医疗器械、医疗资源、高校合作等。从表面上看,这样分配预算是合乎逻辑的,但医院档案具有较高的内在价值,可以作为医院开发药品、开展科研、调整政策的重要信息。医院应转变经营理念,根据各医院的实际情况,可将先进的信息管理系统引入档案管理,将原始纸质信息输入计算机系统保存。同时,投入医院使用的软件系统的研发,整合内部数据,及时、适当地与其他医院共享文件资源,扩大医院可利用资源数据库的容量。

医院档案管理系统的智能化是医院自身发展的一项重要任务。医院应积极做好档案管理工作,重视档案管理人员,加大投入,使医院信息集成化、档案可视化。调动医务人员和行政人员一主一辅,从新的角度完善和发展医院档案专业化和旁观者化,使智能化的档案管理系统更加有利于医院的运行,更高效地为广大人民群众服务。

参考文献

[1] 赵丽. 我国公益类事业单位财务管理问题研究 [D]. 北京：财政部财政科学研究所，2012.

[2] 刘永君. 上市公司财务审计与内部控制审计整合研究 [D]. 重庆：西南大学，2013.

[3] 廖菲菲. 内部控制审计、整合审计对财务报表信息质量的影响 [D]. 成都：西南财经大学，2014.

[4] 邢萌. 上市公司整合审计业务流程优化问题研究 [D]. 杭州：杭州电子科技大学，2014.

[5] 张莉. 财务报表与内部控制整合审计流程设计及应用 [D]. 兰州：兰州理工大学，2014.

[6] 谢林平. 论内部控制审计与财务报表审计整合的意义与流程 [J]. 中国内部审计，2015(8)：90-93.

[7] 李哲. 财务报表审计和内部控制审计的整合研究 [D]. 昆明：云南大学，2015.

[8] 黄雅丹. 我国上市公司财务报表审计与内部控制审计整合研究 [D]. 长春：吉林财经大学，2014.

[9] 罗娜. 整合审计在我国会计师事务所的运用研究 [D]. 成都：西南财经大学，2013.

[10] 吴俊峰. 风险导向内部审计基本问题研究 [D]. 成都：西南财经大学，2009.

[11] 丁晓靖. 电力基建项目全过程财务管理体系研究 [D]. 北京：华北电力大学，2014.

[12] 钟健. 河北国华定州电厂 (2X600MW) 工程基建管理信息系统 (MIS) 的设计与实现 [D]. 成都：四川大学，2014.

[13] 林少伟. 广东粤华公司 2×660MW 基建项目信息化管理应用研究 [D]. 北京：华北电力大学 (河北)，2012.

[14] 侯禹辛. ZH 公司对 A 公司进行融资租赁的财务风险研究 [D]. 天津：天津商业大学，2015.

[15] 夏斌斌. 价值链视角下融资租赁企业税务筹划研究 [D]. 天津：天津商业大学，2015.

[16] 武军. 煤炭企业财务风险内部控制体系研究 [D]. 天津：天津大学，2011.

[17] 袁清和. 基于作业的煤炭企业成本管理体系研究 [D]. 青岛：山东科技大学，2011.

[18] 王明芳. 我国电商企业信用管理体系的研究 [D]. 南京：南京林业大学，2015.

[19] 任立周. 我国事业单位财务管理现状及对策研究 [D]. 太原：山西财经大学，2011.